Taschenschmöker aus Vergangenheit und Gegenwart

Sonderausgabe

Taschenschmöker aus Vergangenheit und Gegenwart

– Sonderausgabe –

Neu und wieder aufgelegt

Berlin 2018

Eine Überwinterung im Eis

Eine Erzählung von

Jules Verne

Aus dem Französischen von Martha Lion,
von Meiko Richert und Sven-R. Schulz mit dem
Originaltext verglichen und vollständig
überarbeitet

Edition Dornbrunnen

Taschenschmöker aus Vergangenheit und Gegenwart

Deutscher Text nach der Hartleben-Ausgabe

Übersetzung aus dem Französischen von Martha Lion; von Meiko Richert und Sven-R. Schulz mit dem Originaltext verglichen und vollständig überarbeitet

Korrekturen und Lektorat: Meiko Richert
Mit Originalillustrationen von Adrien-Emmanuel Marie und Jean-Adolphe de Beaucé
Die Abbildungen wurden freundlicherweise von Bernhard Krauth zur Verfügung gestellt.

Die Deutsche Nationalbibliothek verzeichnet diese Publikation in der Deutschen Nationalbibliografie; detaillierte bibliografische Daten sind im Internet über
http://dnb.d-nb.de
abrufbar.

1. Auflage 2018

ISBN 978-3-943275-31-5

Sven-R. Schulz, Dornbrunner Straße 16, 12437 Berlin
www.edition-dornbrunnen.de
Titelgestaltung: Sven-R. Schulz unter Verwendung einer Originalillustration von Adrien-Emmanuel Marie

Druck und Vertrieb: Books on Demand GmbH, Norderstedt
PNTS–S1

Der Herausgeber

widmet dieses Buch

Volker Dehs, Andreas Fehrmann,

Gerd Frank, Bernhard Krauth,

Meiko Richert und Dirk Seliger

als Dankeschön für ihre Unterstützung

der verlagsarbeit und der Herausgabe

von Werken von

Jules Verne

und seinem Sohn

Michel

Inhalt

Vorbemerkung

Mit dem vorliegenden Buch erweitere ich meine kleine Buchreihe der *Dornbrunnen Taschenschmöker* um eine erste Sonderausgabe. Diese entstand aus der Motivation, mich bei jenen freiwilligen Helfern zu bedanken, die mich vor allem bei der Herausgabe der verschiedenen Verne-Titel innerhalb der Reihe unterstützt haben. Um ihnen eine kleine Freude zu machen, habe ich die Verne-Erzählung *Eine Überwinterung im Eis*, die auch in der Anthologie *In Eis und Schnee* enthalten ist, aus dem Sammelband herausgelöst und einzeln – mit zusätzlichen Abbildungen der Zeitschriften-Erstausgabe ergänzt – in den vorliegenden Band gepackt.

Da ich weiß, dass ich mit einem solchen Buch auch dem Wunsch einiger anderer Verne-Leser nachkomme, die diese Erzählung gerne als Einzelband neben die anderen Verne-Titel dieser Reihe stellen möchten, habe ich mich dazu entschlossen, diesen Band auch allen anderen Interessenten anzubieten. Da die abgedruckte Erzählung allerdings ein wesentlicher Bestandteil der oben genannten Winter-Anthologie ist, erscheint dieser Zusatzband nun als Sonderausgabe, der nicht zur offiziellen Buchreihe gehört, die gewohnte Gestaltung derselben aber weitgehend beibehält.

Der Herausgeber

»Halt, warten Sie bitte!«

Erstes Kapitel
Die schwarze Flagge

Am 12. Mai 18— um fünf Uhr morgens erhob sich der Pfarrer der alten Kirche in Dünkirchen, um wie gewöhnlich die erste stille Messe zu lesen, bei der nur einige alte Fischer anwesend zu sein pflegten.

Er wollte sich, in sein Priestergewand gekleidet, soeben zum Altar begeben, als ein Mann, Freude und Aufregung in den Zügen, zu ihm in die Sakristei trat. Es war ein Schiffer im Alter von etwa sechzig Jahren, aber noch kräftig und gesund, mit gutem und ehrlichem Gesicht.

»Herr Pfarrer«, rief er, »warten Sie doch bitte!«

»Was bringt Sie denn schon so früh am Tag hierher, Jean Cornbutte?«, fragte der Pastor.

»Was mich herbringt? … Der überwältigende Drang, Ihnen trotz der frühen Stunde um den Hals zu fallen!«

»Gut, aber erst nach der Messe, an der Sie jetzt teilnehmen werden …«

»Die Messe!«, entgegnete der alte Seemann lachend. »Sie glauben, dass Sie jetzt Ihre Messe lesen können, und dass ich Sie gewähren lasse?«

»Und warum sollte ich meine Messe nicht lesen?«, fragte der Pfarrer. »Erklären Sie sich; die Glocke hat zum dritten Mal geläutet …«

»Mag sie nun geläutet haben oder nicht«, antwortete Jean Cornbutte, »sie wird heute noch öfter läuten, Herr Pastor, denn Sie haben mir ja versprochen, die Heirat meines Sohnes Louis und meiner Nichte Marie mit Ihren eigenen Händen einzusegnen!«

»Louis? Er ist also angekommen?«, rief der Pfarrer freudig.

»So gut wie«, antwortete Cornbutte und rieb sich die Hände. »Die Wache hat bei Sonnenaufgang unsere Brigg[1] gemeldet, die Sie selbst auf den schönen Namen *Jeune-Hardie*[2] getauft haben!«

»So wünsche ich Ihnen aus tiefstem Herzen Glück, mein alter Cornbutte«, sagte der Pfarrer und legte sein Messgewand und seine Stola ab. »Ich kenne unsere Vereinbarung. Der Vikar wird mich vertreten, und ich stehe Ihnen für die Ankunft Ihres lieben Sohnes zur Verfügung.«

»Und ich verspreche Ihnen, dass er Sie nicht zu lange fasten lassen wird!«, rief der Seemann. »Das Aufgebot haben Sie bereits verkündet, und so brauchen Sie ihn nur noch von den Sünden freizusprechen, die man in den nördlichen Meeren zwischen Himmel und Erde begehen kann. War es nicht eine prächtige Idee von mir, die Hochzeit gleich auf den Tag seiner

---

[1] Segelschiff mit zwei Masten und voller Takelage.

[2] Den Namen des Schiffes würde man heute wohl mit *Junge Kühne* oder *Junge Wilde* übersetzen.

Rückkehr anzusetzen und zu bestimmen, dass mein Sohn Louis seine Brigg nur verlassen soll, um zur Kirche zu gehen?«

»Ordnen Sie alles an, Cornbutte.«

»Ich eile, Herr Pfarrer. Auf Wiedersehen!«

Der Seemann kehrte mit großen Schritten in sein Haus am Kai des Handelshafens zurück, von dem aus man zu seinem großen Stolz auf das Meer schauen konnte.

Jean Cornbutte war für seine Verhältnisse wohlhabend. Nachdem er lange Zeit die Schiffe eines reichen Reeders in Havre befehligt hatte, ließ er sich in seinem Heimatort nieder und baute hier auf eigene Rechnung die Brigg *Jeune-Hardie*. Mehrere Reisen in den Norden waren erfolgreich, und das Schiff wurde seine Holz-, Eisen- und Teerladungen immer zu guten Preisen los. Jean Cornbutte trat nun seinem Sohn Louis, einem wackeren Seemann von dreißig Jahren, das Kommando ab, und nach Aussage aller Küstenkapitäne war dieser einer der tüchtigsten Matrosen von Dünkirchen.

Louis Cornbutte war abgereist, doch hing er mit großer Liebe an Marie, der Nichte seines Vaters, und auch ihr wurden die Tage seiner Abwesenheit sehr lang. Marie war kaum zwanzig Jahre alt. Sie war eine schöne Flämin mit einem Tropfen holländischen Blutes in den Adern. Ihre Mutter hatte sie auf dem Totenbett ihrem Bruder Jean Cornbutte anvertraut. Der wackere Seemann liebte sie wie seine eigene Tochter und sah in der beabsichtigten Eheschließung eine Quelle dauerhaften Glücks.

Mit der Ankunft der Brigg, die man auf der Höhe des Fahrwassers gemeldet hatte, endete eine wichtige kommerzielle Unternehmung, von welcher Jean Cornbutte großen Gewinn erwartete. Die *Jeune-Hardie* war drei Monate unterwegs gewesen, kehrte schließlich von Bodoë[1] an der Westküste von Norwegen zurück und hatte ihre Reise rasch vollendet.

Bei der Rückkehr in seine Wohnung fand Jean Cornbutte das ganze Haus auf den Beinen vor; Marie legte mit freudestrahlenden Augen ihr Brautkleid an.

---

[1] Die Schreibweise folgt der von Verne verwendeten. Die heutige Schreibweise lautet: *Bodø*.

»Wenn nur die Brigg nicht vor uns ankommt!«, rief sie.

»Beeile dich, Kleine«, drängte Jean Cornbutte, »denn der Wind kommt von Norden her, und die *Jeune-Hardie* fährt gut, wenn sie mit vollen Segeln fährt.«

»Unsere Freunde sind benachrichtigt, Onkel?«, fragte Marie.

»Das sind sie!«

»Und der Notar und der Pfarrer?«

»Sei unbesorgt. Es sieht so aus, als würden wir nur auf dich warten müssen!«

In diesem Augenblick trat Gevatter Clerbaut ein.

»Nun, mein alter Cornbutte«, rief er, »das nenne ich Glück! Dein Schiff kommt gerade rechtzeitig an; die Regierung hat soeben große Holzlieferungen für die Marine ausgeschrieben.«

»Was geht das mich an?«, fragte Jean Cornbutte. »Das ist die Sache der Regierung!«

»Ohne Zweifel, Herr Clerbaut«, sagte Marie, »doch jetzt haben wir nur einen Gedanken, und das ist die Rückkehr von Louis.«

»Ich will nicht leugnen, dass …«, meinte der Gevatter. »Aber diese Holzlieferungen …«

»Und Sie werden doch auch zur Hochzeit kommen!«, gab Jean Cornbutte zurück, indem er ihn unterbrach und dem Geschäftsmann so sehr die Hand drückte, als wolle er sie zermalmen.

»Die Holzlieferungen …«

»Alle unsere Freunde an Land und zur See sind dabei, Clerbaut. Ich habe meine Leute schon benachrichtigt, und ich werde auch die ganze Mannschaft der Brigg einladen!«

»Werden wir sie am Hafendamm erwarten?«, fragte Marie.

»Ich denke doch«, antwortete Jean Cornbutte. »Wir werden in Zweierreihen aufmarschieren, mit der Fiedel voran!«

Jean Cornbuttes Gäste trafen ohne Verspätung ein. Obgleich es noch sehr früh am Tag war, fehlte nicht ein Einziger von ihnen. Immer wieder gratulierten sie dem wackeren Seemann, den sie alle liebten. Marie lag inzwischen auf den Knien und sandte statt ihrer sonstigen Gebete ihre Danksagungen

Marie, die Nichte von Jean Cornbutte.

zum Himmel empor. Bald trat sie, schön geschmückt, wieder in den gemeinsamen Saal und ließ sich von allen Damen die Wange küssen, während die Herren energisch ihre Hand drückten; dann gab Jean Cornbutte das Zeichen zum Aufbruch.

Es war ein interessantes Schauspiel, wie die freudig bewegte Schar bei Sonnenaufgang den Weg zum Meer einschlug. Die Nachricht von der Ankunft der Brigg war schnell im Hafen bekannt geworden, und wo der Zug vorüberkam, zeigten sich Köpfe in Nachthauben an den Fenstern und in den halb geöffneten Türen. Von allen Seiten hörte man ein aufrichtiges Kompliment oder einen schmeichlerischen Gruß.

So kam der Hochzeitszug unter Lobsprüchen und Segnungen am Hafendamm an. Das Wetter war prächtig geworden; es schien fast, als wolle sich die Sonne am Fest beteiligen. Ein schöner Nordwind ließ die Wogen schäumen, und einige Fischerschaluppen[1], die alle Segel so dicht wie möglich in den

[1] Hier als kleine Schiffe für den Küstenverkehr.

Wind gestellt hatten, durchstreiften in rascher Fahrt das Meer zwischen den Hafendämmen.

Der Kai des Hafens von Dünkirchen wird durch zwei Molen verlängert, die weit ins Meer hinausreichen. Die Hochzeitsgesellschaft nahm die ganze Breite der nördlichen Mole ein und erreichte bald ein kleines Häuschen, das an deren Ende lag und in dem der Hafenwächter wohnte.

Die Brigg Jean Cornbuttes war jetzt mehr und mehr sichtbar geworden. Der Wind frischte auf, und die *Jeune-Hardie* segelte schnell unter ihren Marssegeln, ihrem Fock- und Briggsegel und ihren Bram- und Oberbramsegeln vor dem Wind. Augenscheinlich herrschte an Bord ebensolche Freude wie an Land. Jean Cornbutte hatte ein Fernrohr in der Hand und antwortete munter auf die Fragen seiner Freunde.

»Meine schöne Brigg!«, rief er. »So hübsch und blank, als liefe sie eben aus dem Hafen von Dünkirchen aus! Keine Havarie! Kein einziges Tau weniger!«

»Sehen Sie Ihren Sohn, den Kapitän?«, fragte man ihn.

»Nein, noch nicht. O, er hat jetzt natürlich viel zu tun!«

»Warum zieht er seine Flagge nicht auf?«, fragte Clerbaut.

»Ich weiß nicht, mein alter Freund; zweifellos wird er einen Grund dazu haben.«

»Dein Fernrohr, lieber Onkel«, sagte Marie und nahm ihm das Instrument aus den Händen. »Ich möchte die Erste sein, die ihn sieht!«

»Aber Fräulein, er ist mein Sohn!«

»Dein Sohn ist er seit dreißig Jahren«, entgegnete das junge Mädchen lachend. »Mein Bräutigam aber erst seit zwei Jahren!«

Die *Jeune-Hardie* war jetzt ganz in Sicht. Die Mannschaft traf bereits ihre Vorbereitungen zum Ankern. Die hohen Segel waren aufgegeit, und man konnte einige Matrosen erkennen, die in die Takelage eilten. Aber weder Marie noch Jean Cornbutte hatten bis jetzt dem Kapitän der Brigg einen Gruß zuwinken können.

»Meiner Treu, dort ist der Erste Steuermann André Vasling!«, rief Clerbaut.

»Und dort Fidèle Misonne, der Zimmermann«, bemerkte ein Hochzeitsgast.

»Und unser Freund Penellan!«, rief ein anderer, indem er dem Erwähnten ein Zeichen gab.

Die *Jeune-Hardie* war nur noch drei Kabellängen vom Ufer entfernt, als eine schwarze Flagge an der Gaffel des Briggsegels aufstieg ... Es war Trauer an Bord!

Ein Gefühl des Schreckens durchzuckte alle, besonders aber das Herz der jungen Braut.

Die Brigg lief traurig in den Hafen ein, und ein eisiges Schweigen herrschte auf dem Verdeck. Bald hatte sie das Ende des Hafendamms passiert. Marie, Jean Cornbutte und alle ihre Freunde stürzten zum Kai, an dem sie beilegen sollte, und befanden sich einen Augenblick später an Bord.

»Mein Sohn!«, rief Jean Cornbutte, der kein weiteres Wort hervorbringen konnte.

Die Seeleute der Brigg wiesen, entblößten Hauptes, auf die Trauerlagge.

Marie schrie verzweiflungsvoll auf und sank dem alten Cornbutte in die Arme.

André Vasling hatte die *Jeune-Hardie* zurückgebracht, doch Louis Cornbutte, Maries Verlobter, war nicht mehr an Bord.

Zweites Kapitel
Jean Cornbuttes Plan

Sobald das junge Mädchen unter der Obhut hilfsbereiter Freundinnen die Brigg verlassen hatte, teilte der Erste Steuermann André Vasling Jean Cornbutte das schreckliche Ereignis mit, durch welches er des Wiedersehens mit seinem Sohn beraubt worden war, und das in dem Schiffsjournal folgendermaßen verzeichnet stand:

»Unser Schiff, das bei schlechtem Wetter und stürmischen Südwestwinden beigelegt hatte, bemerkte am 26. April auf der Höhe des Maëlstroms Notsignale, die ihm von einem Schoner[1] unter dem Wind gemacht wurden. Dieser Schoner, der seines Fockmastes beraubt war, ließ sich willenlos vom Wind auf den Strudel zutreiben. Als Kapitän Cornbutte sah, wie das Schiff einem drohenden Untergang entgegenlief, beschloss er, an Bord zu gehen. Trotz der Vorhaltungen seiner Leute ließ er die Schaluppe ins Meer setzen und stieg mit dem Matrosen Cortrois und dem Zweiten Steuermann Pierre Nouquet ein. Die Mannschaft folgte ihnen mit den Augen, bis sie im Nebel verschwanden. Die Nacht kam heran. Das Meer ging höher und höher. Die *Jeune-Hardie* lief, von den in diesen Breiten herrschenden Strömungen angezogen, Gefahr, vom Maëlstrom verschlungen zu werden, und sah sich genötigt, vor dem Wind zu fliehen. Vergebens kreuzte sie mehrere Tage am Ort des Unheils: die Schaluppe der Brigg, der Schoner, Kapitän Louis

[1] Zwei-, seltener dreimastiges schmales Segelschiff.

André Vasling teilte Jean Cornbutte das schreckliche Ereignis mit.

und die beiden Matrosen blieben verschwunden. André Vasling versammelte nun die Mannschaft, ergriff den Oberbefehl über das Schiff und segelte nach Dünkirchen zurück.«

Als Jean Cornbutte diesen Bericht, der mit der trockenen Kürze eines Seeerlebnisses verfasst war, gelesen hatte, weinte er eine lange Zeit, und wenn irgendetwas ihm Trost geben konnte, so war es der Gedanke, dass sein Sohn gestorben war, weil er seinen Mitmenschen hatte helfen wollen. Dann verließ der arme Vater die Brigg, deren Anblick ihm Schmerz verursachte, und er kehrte in sein verödetes Haus zurück.

Diese traurige Nachricht verbreitete sich sofort in ganz Dünkirchen. Die zahlreichen Freunde des alten Seemanns fanden sich ein, um ihm ihr tiefes und herzliches Beileid zu bezeugen. Sodann fügten die Matrosen der *Jeune-Hardie* die genauesten Details über das Ereignis hinzu, und André Vasling musste Marie in allen Einzelheiten von der selbstlosen Tat ihres Bräutigams erzählen.

Nachdem Jean Cornbutte seine Tränen getrocknet hatte, dachte er nach. Als er sah, dass André Vasling am Tag nach der Ankunft zu ihm kam, sagte er:

»Sind Sie fest überzeugt, dass mein Sohn umgekommen ist, André?«

»Leider ja, Herr Jean!«, antwortete André Vasling.

»Und haben Sie alle nur möglichen Anstrengungen unternommen, um ihn wieder aufzufinden?«

»Alle, ganz unbestritten, Herr Cornbutte! Es ist aber leider nur zu gewiss, dass er und seine beiden Matrosen vom Strudel des Maëlstroms verschlungen wurden.«

»Würde es Ihnen gefallen, Erster Steuermann auf dem Schiff zu bleiben, André?«

»Das würde vom Kapitän abhängen, Herr Cornbutte.«

»Der Kapitän, das werde ich sein, André«, sagte der alte Seemann. »Ich will mein Schiff geschwind ausladen, meine Mannschaft zusammenstellen und in See stechen, um nach meinem Sohn zu suchen.«

»Ihr Sohn ist tot!«, erwiderte André Vasling nachdrücklich.

»Das ist möglich, André«, versetzte Jean Cornbutte lebhaft. »Es ist aber auch möglich, dass er sich gerettet hat. Ich will alle Häfen Norwegens durchsuchen, in die es ihn verschlagen haben könnte, und erst wenn ich die Gewissheit erlangt habe, ihn nie mehr wiederzusehen, will ich zurückkehren, um hier zu sterben.«

Als André Vasling sah, dass diese Entscheidung unumstößlich war, drängte er nicht mehr und zog sich zurück.

Jean Cornbutte ließ seine Nichte sogleich wissen, welchen Entschluss er gefasst hatte, und sah, wie ein Hoffnungsstrahl durch ihren Kummer brach. Das Mädchen war bis jetzt noch nicht darauf gekommen, dass der Tod ihres Bräutigams in Zweifel gezogen werden könnte, doch kaum war diese neue Hoff-

Jean Cornbutte.

nung in ihr Herz gedrungen, als sie sich derselben rückhaltlos hingab.

Der alte Seemann beschloss, dass die *Jeune-Hardie* sofort wieder auslaufen sollte. Die Brigg war solide gebaut, und es gab keinen einzigen Schaden auszubessern. Jean Cornbutte gab bekannt, dass die Mannschaft ganz dieselbe bleiben solle, wenn die Matrosen nichts dagegen hätten, die Fahrt noch einmal mitzumachen. Er würde nur seinen Sohn als Kommandeur des Schiffes ersetzen.

Kein einziger von Louis Cornbuttes Begleitern zog sich bei diesem Aufruf zurück, und so fanden sich da lauter kühne Seemänner, wie Alain Turquiette, der Zimmermann Fidèle Misonne, der Bretone Penellan, der Pierre Nouquet als Zweiter Steuermann der *Jeune-Hardie* ersetzte, und außerdem Gradlin, Aupic, Gervique, alles mutige und erfahrene Matrosen.

Jean Corubutte schlug André Vasling noch einmal vor, seine

Stelle an Bord wieder einzunehmen. Der Erste Steuermann war ein geschickter Schiffsführer, der sich mit der Rückführung der *Jeune-Hardie* in den sicheren Hafen bewährt hatte. André Vasling machte jedoch aus unbekannten Gründen allerlei Schwierigkeiten und erbat sich Bedenkzeit.

»Wie Sie wollen, André Vasling, erwiderte Cornbutte; »aber falls Sie zustimmen, dann denken Sie daran, dass Sie uns herzlich willkommen sind.«

Jean Cornbutte hatte in dem Bretonen Penellan einen treu ergebenen Mann, der lange Jahre hindurch sein Reisegefährte gewesen war. Die »kleine Marie« hatte einst die langen Winterabende auf den Knien[1] des Zweiten Steuermanns verbracht, wenn er an Land gewesen war. Und so hatte er eine väterliche Freundschaft für sie bewahrt, während Marie mit kindlicher Liebe an ihm hing. Penellan beschleunigte die Ausrüstung der Brigg, so sehr es ihm möglich war, und umso mehr, als er zu glauben schien, dass André Vasling vielleicht nicht die äußersten Anstrengungen unternommen habe, um die Schiffbrüchigen wieder aufzufinden; andererseits war dieser durch die Verantwortung, die auf ihm als Kapitän lag, wohl zu entschuldigen.

Noch waren keine acht Tage verflossen, da war die *Jeune-Hardie* wieder bereit, um erneut in See zu stechen. Anstatt mit Waren, hatte man sie vollständig mit gesalzenem Fleisch, Schiffszwieback, Mehlfässern, Kartoffeln, Schweinefleisch, Wein, Branntwein, Kaffee, Tee und Tabak verproviantiert.

Die Abreise war auf den 22. Mai festgesetzt. Am Abend zuvor begab sich André Vasling, der Jean Cornbutte noch immer keine definitive Antwort gegeben hatte, in dessen Wohnung. Er war noch immer unentschieden und wusste nicht, welchen Entschluss er fassen solle.

Jean Cornbutte war nicht daheim, obgleich die Tür zu seinem Haus offen stand. André Vasling trat in den Gemein-

[1] Im Original steht an dieser Stelle eigentlich »in den Armen«, was im Deutschen eher in Bezug auf Liebesbeziehungen gebräuchlich ist und heute durchaus auch missverständlich gedeutet werden kann. Hier haben wir deshalb die schon von Martha Lion gewählte Übersetzung beibehalten.

Penellan.

schaftsraum, der unmittelbar an die Stube des Mädchens grenzte, und von dort drang eine lebhafte Unterhaltung an sein Ohr. Als er aufmerksam hinhorchte, erkannte er die Stimmen von Penellan und Marie.

Ohne Zweifel hatte sich die Erörterung schon längere Zeit hingezogen, denn Marie schien den Bemerkungen des bretonischen Seemannes eine unerschütterliche Festigkeit entgegenzusetzen.

»Wie alt ist mein Onkel Cornbutte?«, fragte Marie.

»So etwa sechzig Jahre«, antwortete Penellan.

»Und begibt er sich nicht in große Gefahr, um seinen Sohn wiederzufinden?«

»Unser Kapitän ist immer noch ein kräftiger Mann«, versetzte Penellan. »Sein Körper ist fest wie Eichenholz, und er hat Muskeln, so hart wie eine Reservestenge. Daher habe ich gar keine Angst davor, ihn wieder in See stechen zu sehen.«

»Mein guter Penellan«, erwiderte Marie, »wenn man liebt, ist man stark. Im Übrigen habe ich mein ganzes Vertrauen auf die Hilfe des Himmels gesetzt. Sie verstehen mich und werden mir beistehen!«

»Nein!«, rief Penellan. »Es ist unmöglich, Marie! Wer kann wissen, wohin wir auf unserer Fahrt verschlagen werden, und was wir erdulden müssen! Wie viele kräftige Männer habe ich gesehen, die ihr Leben in diesen Meeren lassen mussten!«

»Penellan«, antwortete das Mädchen, »es wird geschehen, ob Sie dagegen sind oder nicht, und wenn Sie mich zurückweisen, muss ich glauben, dass Sie mich nicht mehr lieb haben!«

André Vasling hatte begriffen, was Marie beabsichtigte. Er dachte einen Augenblick nach; dann war auch seine Entscheidung getroffen.

»Jean Cornbutte«, sagte er und ging dem alten Seemann, der eben eintrat, entgegen. »Ich bin einer der Ihren. Die Gründe, von denen ich bis jetzt zurückgehalten wurde, sind beseitigt, und Sie können auf meine Ergebenheit zählen.«

»Ich habe niemals an Ihnen gezweifelt, André Vasling«, erwiderte Cornbutte, indem er seine Hand ergriff. »Marie! Mein Kind!«, rief er dann mit lauter Stimme.

Marie und Penellan erschienen sofort.

»Morgen bei Tagesanbruch werden wir mit eintretender Ebbe absegeln«, sagte der alte Mann. »Meine arme Marie, dies ist der letzte Abend, den wir miteinander verbringen!«

»Mein guter Onkel!«, rief Marie und sank in Jean Cornbuttes Arme.

»Marie! Mit Gottes Hilfe werde ich deinen Bräutigam zurückzubringen!«

»Ja, wir werden Louis wiederfinden!«, fügte André Vasling hinzu.

»Sie sind also einer der Unsrigen?«, fragte Penellan lebhaft.

»Ja, Penellan; André Vasling wird mein Erster Steuermann sein«, antwortete Jean Cornbutte.

»Oh! Oh!«, meinte der Bretone mit eigentümlichem Blinzeln.

»Seine Ratschläge werden uns von großem Nutzen sein, denn er ist kühn und sehr geschickt.«

»Aber Sie selbst, Herr Kapitän«, entgegnete Vasling, »sind uns allen im Wissen und im Können voraus.«

»Also auf morgen, meine Freunde! Geht jetzt an Bord und trefft die letzten Anordnungen. Auf Wiedersehen, André, auf Wiedersehen, Penellan.«

Der Erste Steuermann und der Matrose gingen miteinander fort. Jean Cornbutte blieb mit Marie allein zurück. An diesem traurigen Abend floss noch manche Träne. John Cornbutte, der seine Nichte so tief betrübt sah, fasste den Entschluss, den Abschied zu beschleunigen und das Haus am nächsten Morgen ohne Vorwarnung zu verlassen. Er gab ihr noch am Abend den letzten Kuss und war um drei Uhr schon wieder auf den Beinen.

Zur Abreise waren alle Freunde des alten Seemanns auf dem Hafendamm versammelt. Der Pfarrer, von dem Louis und Marie hatten getraut werden sollen, spendete dem Schiff einen letzten Segen. So manch rauer Händedruck wurde schweigend ausgetauscht, und Jean Cornbutte ging an Bord.

Die Mannschaft war jetzt vollzählig. André Vasling gab die letzten Befehle. Die Segel wurden gehisst, und die Brigg entfernte sich schnell mit einer guten Nordwestbrise, während der Pfarrer, hoch aufgerichtet unter den knienden Zuschauern stehend, das Schiff in Gottes Hände übergab.

Wohin geht das Schiff? Es verfolgt die gefährliche Straße, auf der so viele Schiffbrüchige zugrunde gegangen sind! Es hat kein bestimmtes Ziel! Es muss auf alle Gefahren gefasst sein und wissen, wie man ihnen ohne zu zögern die Stirn bietet! Gott allein weiß, wo ihm sein Landungsplatz winkt! Möge Gott es geleiten!

Drittes Kapitel
Ein Hoffnungsschimmer

Das Wetter war zu dieser Jahreszeit günstig, und so durfte die Mannschaft hoffen, die Stelle des Schiffbruchs bald zu erreichen.

Jean Cornbuttes Plan stand natürlich fest. Er gedachte bei den Färöer-Inseln anzulegen, wohin die Schiffbrüchigen durch den Nordwind verschlagen worden sein konnten, und wenn er Gewissheit darüber bekam, dass sie in keinen Hafen dieser Breiten eingelaufen waren, wollte er seine Nachforschungen über die Nordsee hinaus ausdehnen und die ganze Westküste Norwegens bis nach Bodoë, dem Ort, der dem Schiffbruch am nächsten lag, und wenn nötig, noch darüber hinaus durchsuchen.

Entgegen der Ansicht des Kapitäns glaubte André Vasling, dass die Küsten Islands erforscht werden müssten; aber Penellan hob hervor, dass der Sturm zur Zeit der Katastrophe aus Westen kam, sodass die Hoffnung bestand, dass die Unglücklichen nicht in den Strudel des Maëlstroms gerissen, sondern an die norwegische Küste geworfen worden waren.

Es wurde daher beschlossen, so nahe wie möglich an diesem Küstenstrich hinzusegeln, um etwaige Spuren ihrer Durchreise aufzufinden.

Am Tag nach der Abfahrt war Jean Cornbutte, den Kopf über eine Karte gebeugt, in seine Gedanken versunken, als sich ihm eine kleine Hand auf die Schulter legte und eine sanfte Stimme in sein Ohr flüsterte:

»Nur Mut, lieber Onkel!«

Er wandte sich um und war vor Erstaunen sprachlos. Marie umschlang ihn mit ihren Armen!

»Nur Mut, lieber Onkel!«

»Marie! Mein Mädchen, du hier an Bord!«, rief er endlich.

»Wenn der Vater in See sticht, um sein Kind zu retten, darf die Frau wohl nach ihrem Gatten suchen!«

»Unglückliche Marie! Wie wirst du unsere Strapazen aushalten? Weißt du, dass deine Anwesenheit unsere Forschungen behindern kann?«

»Nein, lieber Onkel, denn ich bin stark!«

»Wer weiß, wohin wir verschlagen werden, Marie? Sieh diese Karte an! Wir nähern uns jetzt den Breiten, die selbst uns Seeleuten, die doch gegen alle Strapazen des Meeres abgehärtet sind, so gefährlich werden können. Und du, ein schwaches Kind!«

»Aber Onkel, ich stamme aus einer Seemannsfamilie! Ich bin mit den Erzählungen von Stürmen und Gefahren groß geworden. Ich bin bei dir und meinem alten Freund Penellan!«

»Penellan! Er hat dich also an Bord versteckt?«

»Ja, Onkel; aber erst als er sah, dass ich entschlossen war, es auch ohne seine Hilfe zu tun.«

»Penellan!«, rief Jean Cornbutte.

Penellan trat ein.

»Penellan, es wäre überflüssig, auf das zurückzukommen, was geschehen ist; aber denke daran, dass du für Maries Leben verantwortlich bist!«

»Seien Sie beruhigt, Herr Kapitän«, antwortete Penellan, »die Kleine hat Kraft und Mut, sie wird uns ein Schutzengel sein. Und dann – Herr Kapitän, Sie kennen meine Idee: Alles in dieser Welt muss uns zum Besten dienen.«

Das Mädchen wurde in einer Kajüte untergebracht, welche die Matrosen in einigen Augenblicken so komfortabel wie möglich für sie herrichteten.

Acht Tage später legte die *Jeune-Hardie* bei den Färöer-Inseln an, doch auch die minutiösesten Nachforschungen blieben erfolglos. Kein Schiffbrüchiger und keine Schiffstrümmer waren an diesen Küsten aufgelesen worden. Sogar die Nachricht von dem Unfall war gänzlich unbekannt. So nahm die Brigg nach zehntägiger Rast um den 10. Juni herum ihre Reise wieder auf. Der Zustand des Meeres war gut, die Winde steif. Das Schiff wurde schnell an die norwegische Küste getrieben, die es ohne weitere Resultate durchsuchte.

Jean Cornbutte beschloss, sich nach Bodoë zu begeben. Dort konnte er vielleicht den Namen des gestrandeten Schiffes, dem Louis Cornbutte und seine beiden Matrosen zu Hilfe geeilt waren, erfahren.

Am 30. Juni warf die Brigg in diesem Hafen ihre Anker aus.

Dort wurde Jean Cornbutte von den Behörden eine Flasche übergeben, die ein in folgenden Worten abgefasstes Dokument enthielt.

»Am 26. April, an Bord der *Froöern*. Nachdem wir mit der Schaluppe[1] der *Jeune-Hardie* hier angelegt haben, werden wir

[1] Hier ein als Beiboot verwendetes kleines Segelschiff.

von den Strömungen in das Eismeer gerissen! Gott sei uns gnädig!«

Die erste Regung Jean Cornbuttes war es, Gott zu danken. Er glaubte jetzt, auf der Spur seines Sohnes zu sein. Die *Froöern* war ein norwegischer Schoner, von dem man zwar keine weitere Nachricht hatte, der jedoch augenscheinlich nach Norden abgetrieben worden war.

Man durfte keinen Tag verlieren. Die *Jeune-Hardie* wurde sofort instand gesetzt, um den Gefahren der Polarmeere trotzen zu können. Fidèle Misonne, der Zimmermann, untersuchte sie mit peinlicher Sorgfalt und versicherte, dass ihr solider Bau gegen die Stöße der Eisschollen Widerstand leisten würde.

Auf den Rat Penellans, der bereits auf Walfang in den arktischen Meeren gewesen war, wurden wollene Decken, Pelzkleider, zahlreiche Mokassins aus Robbenfell und das notwendige Holz, um Schlitten zur Fortbewegung auf den Eisflächen anfertigen zu können, an Bord eingeschifft. Außerdem vergrößerte man die Vorräte an Kohlen und Branntwein, denn es war möglich, dass man gezwungen war, an irgendeinem Punkt der grönländischen Küste zu überwintern. Mit einiger Mühe und großen Kosten wurde auch eine gewisse Menge Zitronen herbeigeschafft, die den Skorbut[1] verhindern oder heilen sollten, jene schreckliche Krankheit, welche die Mannschaften in den Eisregionen zu dezimieren pflegt. All die Vorräte an gesalzenem Fleisch, an Zwieback und Branntwein, die in vorsorglicher Weise vermehrt worden waren, begannen den Schiffsraum der Brigg anzufüllen, denn die Kombüse reichte nicht mehr dazu aus. Auch Pemmikan[2], ein indianisches Präparat, das viele Nährstoffe in kleinem Volumen konzentriert, wurde in beträchtlicher Menge an Bord gebracht.

Auf Befehl von Jean Cornbutte schiffte man auch Sägen auf der *Jeune-Hardie* ein, um nötigenfalls die Eisfelder durchschnei-

[1] Durch fehlendes Vitamin C hervorgerufene schwere Mangelerkrankung.

[2] Nahrhafte und haltbare Mischung aus zerstoßenem Dörrfleisch und Fett.

den zu können, sowie auch Picken und Keile, um sie zu spalten. Der Kapitän behielt es sich vor, die zum Ziehen der Schlitten notwendigen Hunde von der grönländischen Küste aus mitzunehmen.

Die ganze Mannschaft war mit diesen Vorbereitungen beschäftigt und entwickelte eine große Aktivität. Die Matrosen Aupic, Gervique und Gradlin folgten eifrig den Ratschlägen des Zweiten Steuermanns Penellan, der sie veranlasste, sich jetzt noch nicht an wollene Kleider zu gewöhnen, obgleich die Temperatur in diesen über dem Polarkreis gelegenen Breiten schon sehr niedrig war.

Penellan beobachtete, ohne auch nur ein Wort zu sagen, selbst die geringfügigsten Handlungen André Vaslings. Dieser Mann, ein Holländer von Geburt, kam von wer weiß woher und hatte – im Übrigen ein guter Seemann – bereits zwei Fahrten an Bord der *Jeune-Hardie* mitgemacht. Penellan konnte ihm noch nichts vorwerfen, außer dass er sich zu sehr um Marie bemühte, aber er überwachte ihn aufs Schärfste.

Dank des Fleißes der Mannschaft konnte die Brigg bereits um den 16. Juli herum, zwei Wochen nach ihrer Ankunft in Bodoë, klar gemacht werden. Es war jetzt die günstigste Zeit, um in den arktischen Meeren Forschungen zu unternehmen. Seit zwei Monaten herrschte bereits Tauwetter, und die Untersuchungen konnten weiter vorangetrieben werden. Die *Jeune-Hardie* lichtete also den Anker und steuerte auf das an der Ostküste von Grönland unter dem siebzigsten Breitengrad gelegene Kap Brewster zu.

Viertes Kapitel
In den Meerengen

Um den 23. Juli herum kündigte eine Reflexion, die sich über das Meer erhob, die ersten Eisbänke an, die aus der Davisstraße kamen und sich in den Ozean stürzten. Von diesem Moment an wurde eine sehr aktive Überwachung in den Ausguck beordert, denn es war wichtig, nicht mit diesen enormen Massen zusammenzustoßen.

Die Mannschaft war in zwei Wachen geteilt; die erste bestand aus Fidèle Misonne, Gradlin und Gervique, die andere aus André Vasling, Aupic und Penellan. Jede Wache sollte nur zwei Stunden dauern, denn in diesen kalten Regionen kann man der Kraft eines Mannes nur halb so viel zumuten. Obgleich die *Jeune-Hardie* erst unter dem dreiundsechzigsten Breitengrad[1] war, zeigte das Thermometer schon neun Grad Celsius unter Null. Es regnete und schneite häufig. Wenn der Himmel klar war und der Wind nicht zu heftig wehte, hielt Marie sich auf dem Verdeck auf, und ihre Augen gewöhnten sich an diese rauen Szenen der Polarmeere.

Am 1. August ging sie plaudernd mit ihrem Onkel, André Vasling und Penellan am Heck der Brigg auf und ab. Die *Jeune-Hardie* fuhr nun in eine drei Meilen breite Passage hinein, durch die ganze Züge zerbrochener Eisschollen schnell in Richtung Süden schwammen.

»Wann werden wir wohl Land sehen?«, fragte das Mädchen.

»Spätestens in drei bis vier Tagen«, antwortete Jean Cornbutte.

[1] Tatsächlich liegt Bodø, welches man gerade verlassen hat, unter dem 67. Breitengrad.

»Aber werden wir dort neue Spuren von der Durchreise meines armen Louis finden?«

»Vielleicht, mein Kind, ich fürchte jedoch sehr, dass wir von dem Ziel unserer Reise noch weit entfernt sind. Es ist zu befürchten, dass die *Froöern* noch weiter nach Norden abgetrieben wurde.«

»Das ist auf jeden Fall geschehen«, meinte André Vasling, »denn jener Sturm, der uns von dem norwegischen Schiff trennte, hielt drei Tage an, und in drei Tagen legt ein Schiff große Strecken zurück, wenn es so manövrierunfähig ist, dass es dem Wind nicht widerstehen kann!«

»Gestatten Sie mir die Bemerkung, Herr Vasling«, erwiderte Penellan, »dass es damals noch April war, dass das Tauwetter noch nicht begonnen hatte, und daher musste die *Froöern* sehr bald durch das Eis aufgehalten ...«

»Und wahrscheinlich in tausend Stücke zerschellt worden sein«, fiel ihm der Erste Steuermann ins Wort, »da seine Mannschaft nicht mehr manövrieren konnte.«

»Aber diese Eisflächen«, entgegnete Penellan, »boten ihm doch ein einfaches Mittel, um bald ans Land zu kommen, von dem er nicht weit entfernt sein konnte.«

»Wir wollen es hoffen«, unterbrach Jean Cornbutte diese Erörterung, die sich täglich zwischen dem Ersten und dem Zweiten Steuermann wiederholte. »Ich glaube, wir werden binnen Kurzem Land in Sicht bekommen.«

»Dort ist es!«, rief Marie. »Seht die Berge!«

»Nein, mein Kind«, erklärte Jean Cornbutte. »Das sind Eisberge, die ersten, denen wir begegnen. Sie würden uns wie Glas zermalmen, wenn wir zwischen ihre Massen gerieten. Penellan und Vasling, achtet auf das Steuer.«

Die schwimmenden Massen, von denen mehr als fünfzig am Horizont erschienen, näherten sich allmählich der Brigg. Penellan ergriff das Steuerruder, und Jean Cornbutte, der auf die Stangen des kleinen Bramsegels gestiegen war, gab den zu verfolgenden Kurs an.

Gegen Abend wurde die Brigg von den schwimmenden

Klippen, deren zerschmetternde Kraft unwiderstehlich ist, ganz eingeschlossen. Es handelte sich nun darum, diese Flotte von Bergen zu durchbrechen, denn die Klugheit gebot, immer weiter zu segeln. Noch eine andere Schwierigkeit kam zu diesen Gefahren hinzu. Da sich alle Punkte der Umgebung ständig bewegten und keine feste Perspektive boten, konnte man die Richtung des Schiffes nicht genau feststellen. Mit dem Nebel nahm auch die Dunkelheit zu. Marie stieg in ihre Kajüte hinab, und auf den Befehl des Kapitäns hin mussten die acht Personen der Schiffsmannschaft auf dem Verdeck bleiben. Sie hatten sich mit langen Stangen mit Eisenspitzen bewaffnet, um das Schiff vor den Stößen der Eisblöcke zu schützen.

Die *Jeune-Hardie* fuhr bald in eine so enge Passage hinein, dass das äußerste Ende ihrer Rahen oft von den treibenden Bergen gestreift wurde und man ihre Klüverbäume einziehen musste. Man war sogar genötigt, die große Rah zu brassen[1], sodass sie die Wanten berührte. Glücklicherweise büßte die Brigg durch diese Maßregel nichts von ihrer Schnelligkeit ein, denn der Wind konnte nur die oberen Segel fassen, und diese genügten, um sie schnell voran zu treiben. Dank ihres zierlichen Rumpfes wand sie sich durch diese Täler hindurch, während die Eisschollen mit unheilvollem Krachen aneinander stießen und der Regen in wilden Wirbeln hernieder strömte.

Jean Cornbutte stieg wieder auf das Verdeck. Sein Blick konnte die Finsternis nicht durchdringen. Es wurde notwendig, die oberen Segel einzuziehen, denn das Schiff drohte, mit den Eisblöcken zusammenzustoßen, und wäre in diesem Fall verloren gewesen.

»Verdammte Reise!«, brummte André Vasling, der auf dem Vorderdeck neben den Matrosen stand, die, mit der Stange in der Hand, die bedrohlichsten Stöße abwandten.

»Tatsache ist, wenn wir dieser Gefahr entrinnen, werden wir der Heiligen Jungfrau der Eisschollen eine schöne Kerze weihen«, meinte Aupic.

[1] Das Abdrehen der Rah.

»Wer weiß, zwischen wie vielen schwimmenden Bergen wir noch hindurch zu fahren haben?«, fügte der Erste Steuermann hinzu.

»Und wer sagt uns, dass wir dahinter irgendetwas finden werden!«, meinte der Matrose.

»Sei nicht so geschwätzig«, sagte Gervique, »achte lieber auf deine Bordseite. Wenn wir vorüber sind, ist noch immer Zeit genug zum Schimpfen! Pass auf deine Stange auf!«

In diesem Augenblick schob sich ein ungeheurer Eisblock in dem engen Fahrwasser, dem die *Jeune-Hardie* folgte, rasch vor das Schiff, und es schien fast unmöglich, ihm aus dem Weg zu gehen. Er versperrte die ganze Breite des Kanals und schnitt der Brigg die Möglichkeit zu wenden ab.

»Kannst du das Steuer drehen?«, fragte Jean Cornbutte Penellan.

»Nein, Herr Kapitän! Das Schiff lässt sich nicht mehr steuern!«

»He, Jungens!«, rief der Kapitän seiner Mannschaft zu. »Fürchtet euch nicht, und stemmt eure Stangen mit aller Macht gegen das Schanddeck[1]!«

Der Block hatte eine Höhe von etwa sechzig Fuß, und falls er auf die Brigg stürzte, musste sie zermalmt werden. Ein Augenblick unbeschreiblicher Angst folgte nun, und trotz der Befehle ihres Kapitäns verließ die Mannschaft ihren Posten, um auf das Hinterdeck zu eilen.

Aber als der Eisblock nur noch eine halbe Kabellänge von der *Jeune-Hardie* entfernt war, hörte man ein dumpfes Geräusch; eine regelrechte Wasserhose fiel zunächst auf das Vorderdeck des Schiffes nieder, das dann auf dem Rücken einer ungeheuren Woge emporgehoben wurde.

Alle Matrosen schrien laut auf vor Schreck, aber als sie ihre Blicke nach vorn richteten, war der Block verschwunden, das

[1] Auch Dollbord; bezeichnet die oberste Planke, welche horizontal auf den Köpfen der Spanten und auf den Kanten der äußeren und inneren Bekleidung liegt, den eigentlichen Rand oder Bord des Schiffsgebäudes bildet und das Eindringen von See- oder Regenwasser zwischen die Innhölzer und Verkleidungen verhindert.

Fahrwasser frei, und darüber hinaus versprach eine weite, von den letzten Strahlen der Sonne beleuchtete Wasserfläche eine leichte Fahrt.

»Alles muss uns zum Besten dienen!«, rief Penellan. »Ziehen wir unsere Mars- und Focksegel auf!«

Es hatte sich soeben ein in diesen Breiten sehr häufiges Phänomen ereignet. Wenn sich die schwimmenden Massen während des Tauwetters voneinander lösen, befinden sie sich in vollständigem Gleichgewicht. Sowie sie aber in den Ozean gelangen, wo das Wasser im Verhältnis zum Eis wärmer ist, werden sie bald an ihrer Basis untergraben; der untere Teil schmilzt allmählich, und der Block wird durch die Stöße der übrigen Eisschollen immer mehr erschüttert. Es kommt der Augenblick, da der Schwerpunkt dieser Massen verschoben wird, und dann kippen sie plötzlich um. Wäre der Eisberg nur zwei Minuten später umgestürzt, so hätte er auf die Brigg fallen und sie unter sich begraben müssen.

Fünftes Kapitel
Die Insel Liverpool

Die Brigg schwamm jetzt in fast vollständig freier See. Nur am Horizont zeigte sich ein ruhender weißlicher Glanz, der auf unbewegliche Eisflächen schließen ließ.

Jean Cornbutte steuerte fortwährend auf Kap Brewster zu und kam schon in Gegenden, die außerordentlich kalt sind, da die Sonnenstrahlen durch ihren schrägen Fall nur äußerst schwach wirken.

Am 3. August befand sich die Brigg unbeweglichen und miteinander verbundenen Eisschollen gegenüber. Das Fahrwasser war oft nur eine Kabellänge breit, und die *Jeune-Hardie* musste tausend Umwege machen, durch die sie manchmal gerade gegen den Wind gestellt wurde.

Penellan kümmerte sich mit väterlicher Sorge um Marie, und trotz der Kälte veranlasste er sie, täglich zwei bis drei Stunden auf dem Verdeck zuzubringen, denn körperliche Bewegung war eine für ihre Gesundheit unumgängliche Bedingung.

Maries Mut wurde übrigens nicht schwächer. Sie ermunterte durch ihre Worte sogar die Matrosen der Brigg, und alle empfanden eine regelrechte Verehrung für sie. André Vasling bemühte sich mehr um sie als je zuvor und nahm jede Gelegenheit wahr, um eine Unterhaltung mit ihr anzuknüpfen; das Mädchen nahm jedoch seine Zuvorkommenheit mit einer gewissen Kälte auf, die vielleicht in einer Art Vorahnung ihren Grund hatte. Man kann sich leicht denken, dass die Zukunft weit mehr als die Gegenwart das Thema von André Vaslings Unterhaltungen war, und dass er kein Hehl daraus machte, wie

André Vasling bemühte sich mehr um sie als je zuvor.

wenig Hoffnung er für die Rettung der Schiffbrüchigen hege. Seiner Ansicht nach war ihr Untergang eine feststehende Tatsache, und das Mädchen hatte die Sorge um ihre Existenz jetzt in die Hände eines anderen zu legen.

Marie hatte jedoch André Vaslings Andeutungen noch nicht verstanden, wahrscheinlich, weil diese Unterhaltungen zu seinem großen Verdruss immer nur sehr kurze Zeit währten. Penellan fand immer irgendeinen Vorwand, um sie zu unterbrechen und die Wirkung der Reden André Vaslings durch Worte der Hoffnung null und nichtig zu machen.

Marie blieb übrigens nicht untätig. Den Ratschlägen des Zweiten Steuermanns zufolge sorgte sie für ihre Winterkleider und musste ihre Aufmachung vollständig ändern. Der Schnitt ihrer Frauenkleider passte nicht zu diesen kalten Breiten. Sie machte sich eine Art Pelz-Beinkleid, dessen untere Ränder mit Robbenfell versehen waren; ihre enge Unterkleidung reichte nur bis an die Unterschenkel, um nicht mit den Schneeschichten in Berührung zu kommen, mit denen der Winter die Eisflächen bedeckte. Ein die Taille eng umschließender, mit Kapuze versehener Pelzmantel schützte ihren Oberkörper.

Auch die Männer fertigten sich in ihrer arbeitsfreien Zeit Kleidungsstücke an, die sie vor der Kälte schützen sollten. Sie stellten eine große Menge hoher Stiefel aus Robbenfell her, die es ihnen während ihrer Forschungsreisen gestatten sollten, ungestraft durch tiefen Schnee zu waten. So arbeiteten sie die ganze Zeit während ihrer Fahrt durch die enge Passage.

André Vasling war ein sehr geschickter Schütze und erlegte häufig Wasservögel, die in großen Massen um das Schiff schwärmten. Eine Art Eidergans und Schneehühner lieferten der Mannschaft vorzügliches Fleisch – eine willkommene Abwechslung vom Pökelfleisch.

Endlich, nach tausend Umwegen, bekam die Brigg das Kap Brewster in Sicht. Eine Schaluppe wurde ins Meer gelassen. Jean Cornbutte und Penellan fuhren an die Küste, die gänzlich verödet war.

Ohne langen Aufenthalt steuerte die Brigg auf die im Jahre 1821 von Kapitän Scoresby[1] entdeckte Insel Liverpool zu, und die Mannschaft stieß ein lautes Freudengeschrei aus, als sie die Eingeborenen auf den Strand zueilen sah. Die Verständigung war bald hergestellt, da Penellan einige Worte ihrer Sprache kannte und die Eingeborenen wiederum einige landläufige Redensarten der Schiffsmannschaft verstanden, die sie von vorbeikommenden Walfängern gelernt hatten.

Die Grönländer waren klein und untersetzt; ihr Wuchs überschritt nicht die Größe von vier Fuß zehn Zoll. Sie hatten einen rötlichen Teint, ein rundes Gesicht, eine niedrige Stirn; ihre Haare, glatt und schwarz, fielen auf den Rücken herab; ihre Zähne waren verdorben, und sie schienen von einem

[1] William Scoresby (1789 bis 1857) war ein englischer Seefahrer und Forscher.

Aussatz befallen, der für die Ichthyophagen[1] charakteristisch ist.

Um sich von der Schiffsmannschaft Kupfer- und Eisenstücke einzutauschen, worauf die armen Leute sehr begierig sind, brachten sie Bärenpelze, Felle von Seekälbern, Seehunden, Seewölfen und all solchen Tieren herbei, die man gemeinhin unter dem Namen »Robben« zusammenfasst. Jean Cornbutte erstand diese Gegenstände, die von so großem Nutzen für ihn werden sollten, zu einem außerordentlich niedrigen Preis.

Dann machte der Kapitän den Eingeborenen verständlich, dass er nach einem gestrandeten Schiff suche, und fragte, ob sie irgendwelche Nachrichten darüber hätten. Einer von ihnen zeichnete sogleich eine Art Schiff in den Schnee und gab an, dass ein solches Fahrzeug bereits vor drei Monaten in nördlicher Richtung verschlagen worden sei; er fügte noch hinzu, dass das Auftauen und der Bruch der Eisfelder sie daran gehindert hätten, ihm nachzuforschen, und es lag auf der Hand, dass sie mit ihren leichten Pirogen, die sie mit dem Paddel lenkten, ein solches Unternehmen nicht ausführen konnten.

Diese Nachricht, so unvollständig sie war, brachte die Hoffnung in die Herzen der Matrosen zurück, und Jean Cornbutte hatte keine Mühe mehr, sie dazu zu bewegen, noch weiter in das Polarmeer zu fahren.

Bevor der Kapitän die Insel Liverpool verließ, kaufte er ein Gespann von sechs Eskimohunden, die sich bald an das Schiff gewöhnten. Das Schiff lichtete am Morgen des 10. August die Anker und drang, von einer starken Brise getrieben, in die Meerengen des Nordens vor.

Man war jetzt an den längsten Tagen des Jahres angelangt, das heißt unter diesen hohen Breiten erreichte die niemals untergehende Sonne den höchsten Punkt der Kreise, die sie über dem Horizont beschrieb.

Diese gänzliche Abwesenheit der Nacht war jedoch nicht so

[1] Von Fischen lebende Völker

stark spürbar, denn der Nebel, der Regen und der Schnee hüllten das Schiff zuweilen in tiefe Finsternis.

Jean Cornbutte war entschlossen, so weit wie möglich vorzurücken, und begann seine sanitären Maßregeln danach zu treffen. Das Zwischendeck wurde vollkommen verschlossen; man sorgte nur jeden Morgen dafür, die Luft durch Ventilation zu erneuern. Die Öfen wurden eingerichtet, und die Rohre so angebracht, dass sie möglichst viel Wärme ausstrahlten. Man empfahl den Männern der Besatzung, nur ein wollenes Hemd über ihrem Baumwollhemd zu tragen und die Pelzkleidung möglichst hermetisch zu verschließen. Allerdings durften die Feuer jetzt noch nicht angezündet werden, denn es war wichtig, die Holz- und Kohlenvorräte für die große Kälte aufzusparen.

Morgens und abends wurden an die Matrosen regelmäßig heiße Getränke wie Kaffee und Tee verteilt, und da es ratsam war, sich von Fleisch zu ernähren, machte man Jagd auf Enten und Krickenten, die in diesen Gegenden massenhaft vorhanden waren.

Oben auf dem Großmast richtete Jean Cornbutte ein sogenanntes »Krähennest« ein, eine Art Tonne, die an einer Seite offen war und in der sich beständig eine Wache aufhielt, um die Eisflächen zu beobachten.

Zwei Tage nachdem die Brigg die Insel Liverpool aus den Augen verloren hatte, wurde die Temperatur unter dem Einfluss des trockenen Windes plötzlich kälter. Auch andere Anzeichen des Winters machten sich bemerkbar. Die *Jeune-Hardie* hatte keinen Augenblick Zeit zu verlieren, denn bald musste sich die Straße vollständig vor ihr schließen. So rückte sie in eine Meerenge vor, die von beiden Seiten von dreißig Fuß dicken Eisfeldern begrenzt wurde.

Am 3. September morgens erreichte die *Jeune-Hardie* endlich die Höhe der Bucht von Gaël-Hamkes. Das Land befand sich dreißig Meilen weit unter dem Wind. Dies war das erste Mal, dass die Brigg vor einer Eisbank hielt, die ihr keine Durchfahrt bot und mindestens eine Meile breit war. So mussten also die Sägen eingesetzt werden, um das Eis zu durchschneiden. Penellan, Aupic, Gradlin und Turquiette wurden mit der Handhabung dieser Sägen betraut, die man außerhalb des Schiffes angebracht hatte. Die Richtung der Einschnitte wurde so gewählt, dass der Strom die von der Bank abgesonderten Schollen forttragen konnte. Die ganze Mannschaft hatte beinahe zwanzig Stunden mit dieser Arbeit zu tun. Die Männer hatten große Schwierigkeiten, sich auf dem Eis zu halten; oft waren sie gezwungen, bis zur Taille im Wasser zu stehen, und ihre Kleider aus Robbenfell schützten sie nur sehr ungenügend vor der Feuchtigkeit. Übrigens folgt in diesen kalten Breiten auf jede größere Anstrengung bald eine absolute Mattigkeit; der Atem geht den Arbeitern leicht aus, und auch der Kräftigste wird oft dazu gezwungen, innezuhalten.

Endlich hatte man wieder freie Fahrt, und die Brigg wurde über die Bank, die sie so lange zurückgehalten hatte, hinausbugsiert.

Sechstes Kapitel
Das Eisbeben

Noch einige weitere Tage lang kämpfte die *Jeune-Hardie* mit unüberwindbaren Hindernissen. Die Mannschaft musste häufig die Säge zur Hand nehmen und oft sogar Pulver anwenden, um die enormen Eisblöcke zu sprengen, die dem Schiff den Weg versperrten.

Am 12. September zeigte das Meer nur noch eine unabsehbare, feste Ebene ohne jedes Fahrwasser, von der das Schiff auf allen Seiten umgeben war, sodass es weder vorrücken noch zurückweichen konnte.

Die Temperatur hielt sich im Durchschnitt bei sechzehn Grad unter Null. So war denn die Zeit der Überwinterung herangekommen, und mit dem Winter kam das Leid und die Gefahr.

Die *Jeune-Hardie* befand sich jetzt etwa unter dem 21. Grad westlicher Länge und dem 76. Grad nördlicher Breite am Eingang der Bucht von Gaël-Hamkes.

Jean Cornbutte traf seine ersten Vorbereitungen für die Überwinterung. Er versuchte zunächst eine kleine Bucht zu finden, die sein Schiff vor den Windstößen und den großen Eisbrüchen schützte. Diesen Schutz konnte ihm nur das Land bieten, welches sich etwa zehn Meilen westlich befand, und er beschloss daher, auf Erkundung zu gehen.

Am 12. September machte er sich in Begleitung André Vaslings, Penellans und der beiden Matrosen Gradlin und Turquiette auf den Weg. Jeder von ihnen trug Vorräte für zwei Tage mit sich; denn es war unwahrscheinlich, dass ihre Expedition sich über diese Zeit hinaus verlängern würde. Außerdem hatten

Das Meer zeigte nur noch eine feste Ebene.

sie sich mit Büffelfellen versehen, auf denen sie die Nacht zu verbringen gedachten.

Der Schnee, der in großen Mengen gefallen war, verzögerte ihr Vorankommen außerordentlich, da seine Oberfläche nicht gefroren war. Oft sanken sie bis an die Hüften ein und konnten sich nur mit großer Vorsicht weiter bewegen, wollten sie nicht in eine der unzähligen Spalten im Eis fallen. Penellan ging voran und prüfte sorgsam jede Senkung des Bodens mit seinem eisenbeschlagenen Stock.

Gegen fünf Uhr abends begann sich der Nebel zu verdichten, und die kleine Schar musste anhalten. Penellan kümmerte sich darum, eine Eismauer zu suchen, die sie vor dem Wind schützte, und nachdem sich die Reisenden ein wenig erfrischt hatten, wobei sie es sehr bedauerten, kein wärmendes Getränk zu haben, breiteten sie ihre Büffelfelle auf dem Schnee aus, hüllten sich hinein und rückten so dicht wie möglich zusammen. Bald siegte der Schlaf über die Müdigkeit.

Am nächsten Morgen waren Jean Cornbutte und seine Gefährten unter einer Schneeschicht von mehr als einem Fuß Höhe begraben. Glücklicherweise hatten ihre wasserdichten Felle sie geschützt, und so hatte die winterliche Decke sogar dazu beigetragen, ihre eigene Wärme zu erhalten, indem sie verhinderte, dass diese nach außen drang.

Jean Cornbutte gab schon bald das Zeichen zum Aufbruch, und gegen Mittag erblickten er und seine Gefährten endlich die Küste, die sie anfangs kaum erkennen konnten. Am Ufer zeigten sich hohe, senkrecht emporragende Eisblöcke, und ihre vielfältigen Gipfel von unterschiedlicher Form und Höhe ahmten in großem Maßstab die Wunder der Kristallisation nach. Myriaden von Wasservögeln flogen auf, als die Seeleute sich näherten, und die träge auf dem Eis ausgestreckten Robben zogen sich eilig zurück.

»Meiner Treu!«, meinte Penellan. »An Pelzen und Wildbret werden wir keinen Mangel leiden!«

»Es scheint fast«, antwortete Jean Cornbutte, »als wären wir nicht der erste menschliche Besuch, den diese Tiere erhalten, denn sonst würden sie in einer gänzlich unbewohnten Gegend nicht so scheu sein!«

»In diesem Gebiet verkehren doch bloß Grönländer«, versetzte André Vasling.

»Dennoch sehe ich keine Spur von ihnen oder von ihrem Durchzug, weder eine Lagerstätte noch die kleinste Hütte!«, bemerkte Penellan, der auf eine hohe Eisspitze geklettert war. »Ahoi, Kapitän«, rief er dann, »kommen Sie doch! Ich sehe eine Landspitze, die uns prächtig vor dem Nordostwind schützen wird.«

»Hierher, Jungs!«, sagte Jean Cornbutte.

Seine Begleiter folgten ihm, und bald waren alle an Penellans Seite. Der Seemann hatte die Wahrheit gesagt. Eine ziemlich hohe Landspitze sprang wie ein Vorgebirge in das Land hinein und bildete, indem es sich zur Küste hin krümmte, einen klei-

Die Bewegungen des Eises.

nen Hafen von höchstens einer Meile Tiefe. Einige bewegliche Eisschollen waren durch diese Spitze zertrümmert worden und schwammen in der Bucht umher, und das gegen die kältesten Winde geschützte Meer war noch nicht ganz zugefroren.

Der Platz war vorzüglich geeignet für eine Überwinterung. Es blieb nur noch übrig, das Schiff dorthin zu geleiten. Bald aber bemerkte Jean Cornbutte, dass die angrenzende Eisebene von ungeheurer Stärke war, und dass es infolgedessen sehr schwierig sein würde, einen Kanal zu graben, um die Brigg an ihr Ziel zu bringen. Man musste sich also nach einer anderen Bucht umschauen, doch es war vergebens, dass Jean Cornbutte weiter nach Norden vordrang. Die Küste blieb über eine lange Strecke gerade und abschüssig, und jenseits der Spitze war sie direkt den Stößen des Ostwindes ausgesetzt. Dieser Umstand brachte den Kapitän umso mehr in Verlegenheit, als André Vasling darauf hinwies, wie schlecht die Lage sei, und sich hierbei auf unumstößliche Gründe stützte. Penellan hatte große Schwierigkeiten damit, sich selbst zu beweisen, »dass alles in dieser Welt zum Besten dienen müsse«.

Die Brigg hatte also nur noch die Möglichkeit, einen Ort zur Überwinterung auf dem südlichen Teil der Küste zu suchen. Es hieß also, dahin zurückzukehren, woher man gekommen war; aber man durfte nicht länger zögern. So schlug denn die kleine Schar in eiligem Marsch den Rückweg zum Schiff ein, denn ihre Vorräte begannen bereits knapp zu werden. Jean Cornbutte suchte unterwegs nach irgendeinem Fahrwasser oder wenigstens einem Spalt, der es gestattete, einen Kanal durch die Eisfläche zu graben; aber vergebens!

Gegen Abend langten die Seeleute an der Eismauer an, in deren Schutz sie während der vorigen Nacht gelagert hatten. Der Tag war ohne Schneefall vergangen und sie konnten noch den Eindruck ihrer Körper im Eis erkennen. Für ihr Nachtlager war also alles bereit, und so streckten sie sich erneut auf ihren Büffelfellen aus.

Penellan schlief aus Verdruss über den Misserfolg seiner Forschungsreise ziemlich schlecht. In einem dieser schlaflosen Momente bemerkte er ein dumpfes Rollen. Er horchte aufmerksam auf dieses Geräusch, und der Ton erschien ihm so seltsam, dass er Jean Cornbutte mit dem Ellenbogen anstieß.

»Was ist los?«, fragte dieser; er hatte nach seemännischer Gewohnheit seinen Geist ebenso schnell wachgerüttelt wie seinen Körper.

»Hören Sie, Kapitän«, antwortete Penellan.

Das Geräusch nahm mit merklicher Heftigkeit zu.

»Donner kann es unter so hohen Breiten unmöglich sein!«, sagte Jean Cornbutte, indem er sich erhob.

»Ich glaube eher, dass wir's mit einer Bande Eisbären zu tun bekommen!«, gab Penellan zurück.

»Teufel! Wir haben doch bis jetzt noch keine bemerkt.«

»Früher oder später«, sagte Penellan, »werden wir ihren Besuch wohl erwarten müssen. Wollen wir sie also gut in Empfang nehmen.«

Penellan bewaffnete sich mit einer Flinte und kletterte sehr geschickt auf den Block, der ihnen als Schutzmauer diente. Da indessen die Dunkelheit außerordentlich groß und das Wetter

Die Bewegung dauerte beinahe zwei Minuten.

bedeckt war, konnte er nichts wahrnehmen. Ein neuer Zwischenfall ließ ihn alsbald erkennen, dass er die Ursache des Geräuschs nicht in der Umgebung zu suchen habe. Jean Cornbutte schloss sich ihm an, und sie bemerkten mit Schrecken, dass jenes Rollen, das mittlerweile so heftig geworden war, dass es ihre Kameraden geweckt hatte, unter ihren Füßen hervordrang.

Eine neue Gefahr tat sich vor ihnen auf. Zu dem Lärm, der bald einem Donnerrollen glich, gesellte sich eine deutlich wahrnehmbare, wellenförmige Bewegung des Eisfeldes. Mehrere Matrosen verloren das Gleichgewicht und stürzten.

»Achtung!«, rief Penellan.

»Jawohl!«, antwortete man ihm.

»Turquiette! Gradlin! Wo seid ihr?«

»Hier bin ich!«, rief Turquiette und schüttelte den Schnee ab, mit dem er bedeckt war.

»Hierher, Vasling«, rief Jean Cornbutte dem Ersten Steuermann zu. »Wo ist Gradlin?«

»Zur Stelle, Herr Kapitän! … Aber wir sind verloren!«, rief Gradlin voller Angst.

»Oh nein«, rief Penellan, »wir sind vielleicht gerettet!«

Er hatte diese Worte kaum vollendet, als ein furchtbares Krachen zu hören war. Die Eisfläche barst mitten durch, und die Seeleute mussten sich an den Block klammern, der neben ihnen hin- und herschwankte. Trotz der Behauptung des Zweiten Steuermanns befanden sie sich in einer äußerst gefährlichen Lage, denn soeben gab es eine neue Erschütterung. Die Eisschollen hatten, um den seemännischen Ausdruck dafür zu gebrauchen, »die Anker gelichtet«. Die Bewegung dauerte beinahe zwei Minuten, und die Unglücklichen fürchteten jeden Augenblick, dass sich ein Spalt unter ihnen auftäte und sie verschlänge. So erwarteten sie in großer Angst den Anbruch des Tages, denn bis dahin konnten sie bei Lebensgefahr nicht wagen, einen Schritt zu tun, und mussten ausgestreckt liegen bleiben, um ihren Untergang zu vermeiden.

Beim ersten Tageslicht bot sich ihren Augen ein völlig verändertes Bild. Die ungeheure ebene Fläche, die sich am Vortag zusammengefügt hatte, war an tausend Stellen zerrissen, und die durch irgendeine unterseeische Bewegung aufgewühlten Fluten hatten die dicke Eisschicht über sich zerbrochen.

Jean Cornbutte dachte mit tiefer Bewegung an seine Brigg.

»Mein armes Schiff!«, rief er. »Es ist sicher verloren!«

Die tiefste Verzweiflung malte sich auf den Zügen seiner Begleiter. Der Untergang des Schiffes bedeutete unweigerlich ihren nahen Tod!

»Mut, meine Freunde!« rief Penellan. »Denkt daran, dass uns das Beben dieser Nacht vielleicht einen Weg durch die Eisflächen geöffnet hat, auf dem wir die Brigg in den Winterhafen führen können! Ah! Seht dort, ich habe mich nicht geirrt! Die *Jeune-Hardie*, hier ist sie, und sogar um eine Meile näher gerückt!«

Alle stürzten vorwärts, und zwar so unvorsichtig, dass Turquiette in einen Spalt geriet und unfehlbar seinen Untergang gefunden haben würde, wenn Jean Cornbutte ihn nicht an seiner Kapuze ergriffen hätte. So kam er diesmal mit einem kalten Bad davon.

Die Brigg schwamm wirklich in zwei Meilen Entfernung vor dem Wind. Nach endlosen Mühen langte die kleine Schar bei ihr an. Das Schiff war in gutem Zustand, aber ihr Steuerruder, das man versäumt hatte abzunehmen, war von den Eisschollen zerbrochen worden.

Siebentes Kapitel
Vorkehrungen für die Überwinterung

Penellan hatte wieder einmal Recht gehabt. Alles in dieser Welt muss uns zum Besten dienen, und das Beben des Eises hatte dem Schiff eine befahrbare Route bis zur Bucht geöffnet. Die Seeleute brauchten nur noch die Strömungen geschickt zu benutzen, um die Eisschollen so zu steuern, dass sie sich ihren Weg selber bahnten.

Am 19. September warf die Brigg endlich, zwei Kabellängen vom Land entfernt, in ihrem Winterhafen die Anker aus. Schon am folgenden Tag hatte sich das Eis um ihren Rumpf geschlossen; bald wurde es stark genug, um das Gewicht eines Mannes zu tragen. So konnte eine direkte Verbindung mit dem Land hergestellt werden.

Nach dem Brauch der arktischen Seefahrer wurde am Takelwerk keine Veränderung vorgenommen; die Segel lagen sorgsam zusammengewickelt und von ihren Futteralen umhüllt auf den Rahen, und das Krähennest ließ man bestehen, um von dort aus das Land beobachten und gegebenenfalls leichter bemerkt werden zu können.

Schon erhob sich die Sonne kaum noch über den Horizont. Seit der Junisonnenwende hatten sich die von ihr beschriebenen Kreise mehr und mehr gesenkt, und bald mussten sie ganz verschwinden.

Die Mannschaft beeilte sich, ihre Vorkehrungen zu treffen, und Penellan war dabei der große Organisator. Bald war die Eisfläche um das Schiff so stark geworden, dass ihr Druck gefährlich zu werden drohte, aber Penellan wartete noch, bis sich die schwimmenden Eisblöcke zu einer Masse von zwanzig Fuß Dicke zusammengefügt hatten. Dann erst ließ er das Eis schrägkantig um den Schiffsrumpf aushauen, sodass es sich unter diesem wieder schloss und seine Gestalt annahm. Die Brigg war nun in ein Bett eingeschlossen und hatte den Druck der Eismassen nicht mehr zu fürchten, denn diese konnten keine Bewegung mehr gegen das Schiff machen.

Nun errichteten die Seeleute längs der Barkhölzer[1] und bis zur Höhe der Verschanzungen eine Schneemauer von fünf bis sechs Fuß Dicke, die bald so hart wurde wie ein Felsen. Durch diese Hülle konnte die innere Wärme nicht nach außen dringen. Ein hermetisch verschlossenes und mit Fellen bedecktes Leinwandzelt wurde über die ganze Länge des Verdecks gespannt und bildete für die Mannschaft eine Art Promenade.

Außerdem erbaute man auf dem Land ein Magazin aus Schnee, in dem man alle Gegenstände unterbrachte, die auf dem Schiff nur hinderlich waren. Die Zwischenwände der Kajüten wurden abmontiert, und so entstanden auf dem Vorder- und Hinterdeck je eine geräumige Kammer. So ein einzelner Raum war leichter zu erwärmen, denn Eis und Feuchtigkeit konnten nicht in so viele verschiedene Winkel und Ecken eindringen. Auch die Belüftung ließ sich durch Leinenschläuche, die sich nach außen öffneten, besser bewerkstelligen.

Bei diesen verschiedenen Vorbereitungen entfaltete ein jeder eine solche Emsigkeit, dass man sie um den 25. September herum vollständig beendet hatte. André Vasling hatte sich dabei nicht am ungeschicktesten gezeigt. Einen besonders großen Eifer entfaltete er bei der Sorge um das Mädchen, und wenn Marie, die ganz in dem Gedanken an ihren armen Louis lebte, hiervon nichts merkte, so sah Jean Cornbutte in der Sache bald umso klarer.

Er besprach die Sache mit Penellan; dabei erinnerte er sich jetzt an verschiedene Umstände, die über die Absichten des

[1] Starke Planken, die sich an den Seiten großer Schiffe befinden, meist in der Gegend der Verdecke bzw. bei Kriegsschiffen unter jeder Geschützlage. Sie dienen zur Verstärkung der Verbindung des Ganzen, sowie zur Verzierung des Schiffes und zum Darauftreten beim Ein- und Aussteigen.

Ersten Steuermanns keinen Zweifel ließen. André Vasling liebte Marie und gedachte ihren Onkel um ihre Hand zu bitten, sobald am Tod des Schiffbrüchigen nicht mehr zu zweifeln war. Man würde dann nach Dünkirchen zurückkehren, und André Vasling hätte nichts dagegen gehabt, ein hübsches und wohlhabendes Mädchen, die einzige Erbin von Jean Cornbutte, zu heiraten.

In seiner Ungeduld fehlte es dem Ersten Steuermann jedoch oft am notwendigen Takt. Er hatte die zur Suche nach den Schiffbrüchigen unternommenen Nachforschungen mehrmals für nutzlos erklärt, und oft gab es neue Hinweise, die seine Worte Lügen straften, worauf Penellan stets mit großem Vergnügen hinwies.

Daher hasste André Vasling den Zweiten Steuermann zutiefst; ein Gefühl, das Penellan in vollem Maße erwiderte. Er fürchtete nur, dass es André Vasling gelingen könnte, den Samen der Zwietracht unter die Mannschaft zu werfen, und überzeugte deshalb Jean Cornbutte, ihm ab sofort nur ausweichend zu antworten.

Als die Vorbereitungen zur Überwinterung beendet waren, traf der Kapitän allerlei Anordnungen, um die Gesundheit seiner Mannschaft zu bewahren. Die Leute mussten jeden Morgen eine gründliche Lüftung in ihrem Quartier vornehmen und die Innenwände sorgfältig abtrocknen, um sie von der Feuchtigkeit, die sich während der Nacht angesetzt hatte, zu befreien. Sie erhielten morgens und abends Tee oder heißen Kaffee, was ja eines der besten Mittel gegen die Kälte ist. Außerdem wurden sie in Jagdgruppen eingeteilt, welche die gewöhnliche Schiffskost möglichst täglich um frische Nahrung bereichern sollten.

Jedermann musste sich täglich körperliche Bewegung verschaffen und sich nicht regungslos der kalten Luft aussetzen; bei Temperaturen von dreißig Grad unter Null hätte es sonst leicht passieren können, dass ihnen plötzlich Körperteile erfroren. In diesem Fall wurde es notwendig, sofort Einreibungen mit Schnee vorzunehmen, was allein das kranke Glied retten konnte.

Penellan empfahl dringend, dass man sich jeden Morgen kalt wusch. Es erforderte allerdings einen gewissen Mut, die Hände und das Gesicht in den Schnee zu tauchen, den man dann im Innern des Schiffes wieder auftauen ließ. Aber Penellan ging tapfer mit gutem Beispiel voran, und Marie war nicht die Letzte, seinem Beispiel zu folgen.

Jean Cornbutte vergaß auch die fromme Lektüre und die Gebete nicht, denn es ging darum, Verzweiflung und Sorgen von den Herzen der Leute fernzuhalten. Nichts war in diesen trostlosen Breiten gefährlicher. Der stets düstere Himmel erfüllte ihre Seelen mit Traurigkeit. Ein dichter, von heftigen Winden gepeitschter Schnee vermehrte noch den gewohnten Schauder. Die Sonne sollte bald ganz verschwinden. Hätten sich die Wolken nicht über den Köpfen der Seefahrer aufgetürmt, dann hätten sie sich am Licht des Mondes erfreuen können, doch der Westwind brachte stets neuen Schneefall mit sich. Jeden Morgen mussten die Zugänge zum Schiff freigeräumt und die Stufen, auf denen man zur Ebene hinabstieg, wieder ins Eis geschnitten werden. Mit den Schneemessern musste dies leicht gelingen, denn nachdem die Stufen einmal ausgehauen waren, brauchte man nur ein wenig Wasser oben darauf zu gießen, und sie verhärteten sich sofort.

Penellan ließ in geringer Entfernung vom Schiff ein Loch in das Eis hacken. Jeden Tag durchbrach man erneut die Kruste, die sich an dessen oberer Mündung gebildet hatte, um das Wasser aus der Tiefe herauszuholen, wo es bedeutend wärmer war als an der Oberfläche.

All diese Vorkehrungen dauerten etwa drei Wochen. Danach ging es um die Frage, die Nachforschungen weiter voranzutreiben. Das Schiff war sechs oder sieben Monate lang gefangen, und erst das nächste Tauwetter konnte ihm eine Bahn durch das Eis eröffnen. Die Zeit dieser erzwungenen Unbeweglichkeit sollte daher zu Nachforschungen in nördlicher Richtung benutzt werden.

Achtes Kapitel
Pläne zu Forschungsreisen

Am 9. Oktober hielt Jean Cornbutte einen Rat ab, um den Plan für seine Unternehmungen zu entwerfen, und ließ all seine Leute daran teilnehmen, damit der Eifer und der Mut eines jeden durch die Solidarität der Interessen gehoben würde. Mit der Karte in der Hand machte er ihnen die gegenwärtige Situation klar.

Die Ostküste Grönlands zieht sich in senkrechter Richtung gen Norden, und die Entdeckungen der Seefahrer haben ihre Grenze genau bestimmt. Auf dieser Strecke von fünfhundert Meilen[1], die Grönland von Spitzbergen trennt, war noch kein Land entdeckt worden. Nur ein einziges Stück Land, die Insel Shannon, befand sich etwa hundert Meilen weit im Norden der Bai von Gaël-Hamkes, in welcher die *Jeune-Hardie* überwintern sollte.

Wenn man also annahm, dass das norwegische Schiff in dieser Richtung fortgerissen worden war und die Insel Shannon nicht hatte erreichen können, dann hatten Louis Cornbutte und die Schiffbrüchigen hier eine Zuflucht für den Winter gesucht.

Trotz des Widerspruchs von André Vasling setzte sich diese Ansicht durch, und es wurde beschlossen, dass das Ziel der ersten Forschungsreise die Insel Shannon sein sollte.

Die Vorbereitungen wurden sofort getroffen. Man hatte sich

---

[1] Verne verwendet wie meist in seinen Schriften die Längenangabe *lieus*, die, je nach Art, etwa 4 bis 5,5 km ausmachen. Allerdings beträgt die Entfernung zwischen Grönland und Spitzbergen nach modernen Messungen etwa 600 km, sodass die Angabe von Verne nicht korrekt ist.

Mit der Karte in der Hand machte er ihnen die Situation klar.

an der norwegischen Küste einen nach Eskimoart gefertigten Schlitten verschafft, der aus vorn und hinten zurückgebogenen Brettern konstruiert worden war und über Schnee und Eis hinweggleiten konnte. Er war zwölf Fuß lang, vier Fuß breit und konnte daher im Notfall Vorräte für mehrere Wochen aufnehmen. Fidèle Misonne setzte ihn alsbald instand und arbeitete im Schneemagazin daran, wohin man seine Werkzeuge geschafft hatte. Als Erstes stellte man ihm einen Kohleofen in den Raum, da ohne diesen jede Arbeit unmöglich gewesen wäre. Das Ofenrohr wurde durch eine der Seitenwände geleitet, wozu ein Loch in den Schnee gebohrt werden musste. Allerdings zeigte sich bei dieser Vorkehrung sehr bald ein ernster Nachteil, da durch die Hitze nämlich der Schnee in unmittelbarer Nähe des Ofenrohres allmählich schmolz und die so entstandene Öffnung immer größer wurde. Jean Cornbutte wusste sich dadurch zu helfen, dass er die Röhre mit einer Metallplatte umgab, die das Ziel hatte, das Austreten der Hitze zu verhindern. Es funktionierte ganz wie erwartet.

Während Misonne am Schlitten arbeitete, richtete Penellan mit Hilfe von Marie Ersatzkleidung für die Reise her. Stiefel aus Robbenfell waren glücklicherweise in großer Zahl vorhanden. Jean Cornbutte und André Vasling kümmerten sich um die Vorräte. Sie wählten ein kleines Fass Spiritus, mit dem man einen kleinen transportablen Kochofen beheizen wollte; Tee und Kaffee wurden in ausreichender Menge mitgenommen, dazu eine kleine Kiste mit Schiffszwieback, zweihundert Pfund Pemmikan, und einige Flaschen Branntwein vervollständigten den Proviant. Die Jagd sollte jeden Tag frische Vorräte liefern. Eine gewisse Menge Pulver wurde auf mehrere Säcke verteilt. Der Kompass, der Sextant und das Fernrohr wurden sorgfältig vor Stößen geschützt.

Am 11. Oktober erschien die Sonne nicht wieder über dem Horizont, und in den Wohnräumen der Mannschaft mussten unausgesetzt die Lampen brennen. Man durfte keine Zeit mehr verlieren und musste mit der Erkundungsreise beginnen. Dafür gab es folgenden Grund:

Im Monat Januar würde die Kälte so groß werden, dass man ohne Lebensgefahr den Fuß nicht vor die Tür setzen durfte. Die Mannschaft wäre mindestens zwei Monate lang zu strenger Kasernierung verurteilt, und wenn dann das Eis wieder zu tauen begann, würde sich diese Gefangenschaft verlängern, bis das Schiff das Eis verlassen konnte. Wenn Louis Cornbutte und seine Gefährten jetzt noch lebten, war es nicht wahrscheinlich, dass sie der Strenge eines arktischen Winters standhalten konnten. Sie mussten also vorher gerettet werden, sonst war alle Hoffnung verloren.

André Vasling wusste das besser als alle anderen. Er war deshalb fest entschlossen, der Expedition zahlreiche Hindernisse in den Weg zu legen.

Um den 20. Oktober herum hatte man alle Vorbereitungen für die Reise beendet. Nun mussten nur noch die Männer ausgewählt werden, die an ihr teilnehmen sollten. Das Mädchen sollte unter der Obhut Jean Cornbuttes oder Penellans zurückbleiben, doch weder der eine noch der andere durfte bei dieser Expedition fehlen.

Die Frage war daher, ob das junge Mädchen die Strapazen einer solchen Reise ertragen könne. Bisher hatte sie ja alle Prüfungen mutig, und ohne sehr darunter zu leiden, überwunden! Als Tochter eines Seemannes war sie ohnedies seit der Kindheit an die Gefahren des Meeres gewöhnt. Und tatsächlich hatte Penellan keine Angst davor, sie dem Kampf gegen das schreckliche Klima und die Gefahren des Polarmeers ausgesetzt zu sehen.

Es wurde also nach langer Diskussion beschlossen, dass das Mädchen die Expedition begleiten sollte. Für den Notfall reservierte man ihr einen Platz im Schlitten, auf dem eine hermetisch verschlossene hölzerne Hütte aufgebaut worden war. Was Marie betraf, so war sie am Ziel ihrer Wünsche, da es ihr widerstrebte, von ihren beiden Beschützern getrennt zu sein.

An der Expedition beteiligten sich also: Marie, Jean Cornbutte, Penellan, André Vasling, Aupic und Fidèle Misonne. Alain Turquiette wurde mit der Überwachung der Brigg betraut; mit ihm blieben Gervique und Gradlin zurück. Weitere Vorräte aller Art wurden mitgenommen, denn um die Reise so weit wie möglich ausdehnen zu können, hatte Jean Cornbutte entschieden, entlang der Strecke, in Abständen von sieben bis acht Marschtagen, Verpflegungsdepots anzulegen. Sobald der Schlitten fertig war, wurde er beladen und mit einem Zelt aus Büffelfellen bedeckt. Das Ganze hatte jetzt ein Gewicht von etwa siebenhundert Pfund und ließ sich von fünf Hunden leicht über das Eis ziehen.

Am 22. Oktober fand, wie der Kapitän vorausgesehen hatte, eine plötzliche Temperaturveränderung statt. Der Himmel klärte sich auf, die Sterne strahlten in höchstem Glanz und der Mond leuchtete am Firmament, um vierzehn Tage lang nicht wieder zu verschwinden. Das Thermometer war auf fünfundzwanzig Grad unter Null gefallen.

Der Aufbruch war auf den folgenden Tag festgesetzt.

Die Karawane setzte sich in Bewegung.

Neuntes Kapitel
Das Schneehaus

Am 23. Oktober um elf Uhr morgens setzte sich die Karawane bei schönem Mondschein in Bewegung. Diesmal waren alle Vorsichtsmaßregeln getroffen worden, sodass die Reise, wenn es sein musste, auf lange Zeit ausgedehnt werden konnte. Jean Cornbutte folgte der Küste in nördlicher Richtung. Die Schritte der Reisenden ließen keine Spur auf dem festen Eis zurück, und Jean Cornbutte musste sich mittels in der Ferne gewählter Merkzeichen orientieren; manchmal schritt er auf einen mit Eisnadeln gespickten Hügel zu, manchmal auf eine ungeheure Eisscholle, die der Druck emporgerichtet hatte.

Beim ersten Halt, nach etwa fünfzehn Meilen, traf Penellan die Vorbereitungen zu einem Lagerplatz. Das Zelt wurde an einen Eisblock gelehnt. Marie litt nicht sehr unter der Kälte, denn da der Wind sich glücklicherweise gelegt hatte, war die Temperatur weit milder geworden; aber mehrmals hatte sie den Schlitten verlassen müssen, um zu verhindern, dass die Zirkulation des Blutes in Stockung geriet. Außerdem bot ihr die kleine Hütte, die Penellan sorgfältig mit Fellen ausgestattet hatte, jede nur erdenkliche Bequemlichkeit.

Als die Nacht oder vielmehr der Augenblick der Ruhe herankam, wurde das Schlittenhäuschen unter das Zelt gebracht und diente dem jungen Mädchen als Schlafzimmer. Die Abendmahlzeit bestand aus frischem Fleisch, Pemmikan und heißem Tee.

Um den verhängnisvollen Auswirkungen des Skorbuts entgegen zu wirken, ließ Jean Cornbutte an jedermann einige Tropfen Zitronensaft verteilen. Danach schliefen sie alle unter der Obhut Gottes.

Nach achtstündigem Schlummer machten sich die Reisenden wieder zum Aufbruch bereit. Menschen und Hunde wurden mit einem nahrhaften Frühstück versorgt, dann brach man auf. Das spiegelglatte Eis erlaubte den Tieren, den Schlitten mit großer Leichtigkeit zu ziehen. Manchmal hatten die Seeleute Schwierigkeiten, ihnen zu folgen.

Ein weiteres Übel, unter dem mehrere Matrosen zu leiden hatten, war die »Blendung«. Diese sogenannte Ophthalmie[1] zeigte sich bei Aupic und Fidèle Misonne. Das Licht des Mondes, das auf die unermesslichen weißen Flächen fiel, raubte den Männern die Sehkraft und verursachte in den Augen ein unerträgliches Brennen.

Außerdem erzeugte das Phänomen eine sehr eigentümliche Wirkung der Strahlenbrechung. Wenn man nämlich den Fuß auf eine Erhöhung zu setzen meinte, glitt er tiefer hinab, wodurch mancher – glücklicherweise harmlose – Sturz verursacht

[1] Augenentzündungen.

Marie in ihrem Schutzzelt auf dem Schlitten.

wurde, der Penellan Anlass zu heiteren Scherzen bot. Trotzdem empfahl er den Leuten, keinen Schritt zu tun, ohne vorher den Boden mit dem eisenbeschlagenen Stab, den jeder mit sich trug, zu untersuchen.

Um den 11. November herum, also zehn Tage nach dem Aufbruch, war die Karawane etwa fünfzig Meilen nach Norden vorgedrungen. Bei allen zeigten sich Anzeichen äußerster Erschöpfung. Jean Cornbutte litt schrecklich unter den Blendungen, und seine Sehkraft hatte deutlich nachgelassen. Aupic und Fidèle Misonne gingen nur noch tastend vorwärts, und ihre rotgeränderten Augen schienen von der weißen Reflexion förmlich versengt worden zu sein. Marie war bis jetzt von diesem Leiden verschont geblieben, da sie sich so oft wie möglich in ihrer Hütte aufhielt. Penellan, von unbändigem Mut aufrecht erhalten, widerstand den furchtbaren Strapazen. Wer sich im Übrigen am besten hielt und wem Kälte, Schmerzen und Blendung nichts anzuhaben schienen, das war André Vasling. Seine eiserne Konstitution bot all diesen Strapazen Trotz. Mit Freuden bemerkte er, wie auch die Stärksten von Entmutigung ergriffen wurden, und sah bereits den Augenblick herannahen, an dem der Rückweg angetreten werden musste.

Am 1. November war die Erschöpfung so groß geworden, dass man eine Pause von ein oder zwei Tagen einlegen musste.

Sobald ein Lagerplatz gewählt war, begann man mit dessen Einrichtung. Man beschloss, ein Schneehaus zu bauen, das sich an eins der Vorgebirge lehnen sollte. Fidèle Misonne steckte sofort das Fundament ab, fünfzehn Fuß Länge auf fünf Fuß Breite. Penellan, Aupic und Misonne schnitten mit ihren Messern große Eisblöcke los, die sie an den vorgesehenen Platz brachten und dort aufschichteten, so wie es Maurer bei einer Steinmauer gemacht hätten. Bald erhob sich die Rückseite in einer Höhe von fünf Fuß und ungefähr derselben Breite, denn es fehlte nicht an Material und es war wichtig, dass der Bau stark genug war, um einige Tage bestehen zu können. Nach ungefähr acht Stunden waren sämtliche vier Mauern vollendet; an der Südseite befand sich eine Türöffnung, und die Zeltleinwand, die man auf diese vier Wände gelegt hatte, fiel über die Türseite hinab und bedeckte sie. Jetzt mussten sie das Ganze nur noch mit großen Blöcken abdecken, um daraus das Dach des vergänglichen Bauwerks zu bilden.

Auch dies war nach dreistündiger, angestrengter Arbeit geschehen, und jeder zog sich erschöpft und entmutigt in das Schneehaus zurück. Jean Cornbutte litt so sehr, dass er keinen Schritt mehr tun konnte, und André Vasling wusste sich den Schmerz des alten Seemanns so gut zunutze zu machen, dass er ihm das Versprechen abrang, seine Forschungen in diesen schauerlichen Einöden nicht weiter fortzusetzen.

Penellan wusste nun nicht mehr, an wen er sich noch wenden konnte. Er empfand es als würdelos und feige, die Gefährten nur aufgrund von Mutmaßungen im Stich zu lassen. Er versuchte die Zweifel zu zerstreuen, doch ohne Erfolg.

Obwohl die Rückkehr bereits beschlossen war, erschien es doch notwendig, ein wenig auszuruhen, sodass drei Tage lang keinerlei Vorbereitungen für den Rückmarsch unternommen wurden.

Am 4. November ließ Jean Cornbutte die für die Reise überflüssig gewordenen Lebensmittel an einem Platz an der Küste vergraben. Für den unwahrscheinlichen Fall, dass weitere Forschungen sich noch einmal bis zu dieser Stelle erstreckten, wurde das Depot durch ein Kennzeichen markiert. Alle vier Marschtage hatte der Kapitän ähnliche Depots entlang des Weges hinterlassen, denn dies sicherte ihm die Verpflegung für die Rückkehr, ohne dass man sie mühsam auf dem Schlitten mitnehmen musste.

Die Abreise wurde auf den 5. November um zehn Uhr morgens festgesetzt. Eine tiefe Traurigkeit hatte sich der ganzen Schar bemächtigt. Als Marie sah, wie vollkommen entmutigt ihr Onkel war, konnte sie ihre Tränen kaum zurückhalten. Aller Schmerz vergebens! Alle Arbeit umsonst! Penellan dagegen war in einer ganz abscheulichen Stimmung; er wünschte alle Welt zum Teufel und versäumte keine Gelegenheit, seinen zaudernden und ermüdeten Gefährten ihre Schwäche und Feigheit vorzuhalten; er stellte ihnen Marie als Vorbild hin; sie wäre ohne zu klagen bis ans Ende der Welt gegangen.

André Vasling konnte seine Freude über diesen Entschluss nicht verhehlen. Er bemühte sich mehr denn je um das Mädchen und versuchte sie sogar mit der Hoffnung zu trösten, dass man die Nachforschungen nach dem Winter wieder aufnehmen könnte, obgleich ihm sehr wohl bewusst war, dass dann alles zu spät sei.

Zehntes Kapitel
Lebendig begraben

Am Tag vor dem Aufbruch war Penellan damit beschäftigt, einige leere Kisten zu zerschlagen, um sie als Brennholz in den Ofen zu schieben, als er plötzlich durch dicken Rauch beinahe erstickt wurde. Im selben Moment wurde das Schneehaus durch ein Erdbeben erschüttert. Alle schrien vor Entsetzen auf und Penellan stürzte ins Freie hinaus.

Es war vollkommen dunkel. Ein entsetzlicher Sturm fegte über das Land, denn es war noch kein Tauwetter. Es herrschte ein extrem heftiges Schneegestöber, und die Kälte war so groß, dass der Zweite Steuermann fühlte, wie ihm die Hände erfroren. Nachdem er sie tüchtig mit Schnee eingerieben hatte, war er gezwungen, in die Hütte zurückzukehren.

»Ein fürchterlicher Sturm!«, rief er. »Gebe der Himmel, dass unser Haus standhält, denn wenn der Hurrikan es zerstört, dann sind wir verloren!«

Zur gleichen Zeit, als der Sturm über das Land tobte, ertönte unter dem gefrorenen Boden ein schrecklicher Lärm. Die an der Spitze des Vorgebirges zerbrochenen Eisschollen stießen krachend zusammen und stürzten übereinander; der Wind wehte so gewaltig, dass es schien, als würde das ganze Haus von der Stelle gerückt, und ein unter diesen Breiten unerklärliches, phosphoreszierendes Leuchten durchzuckte das Schneegestöber.

»Marie, Marie!«, rief Penellan und ergriff die Hände des Mädchens.

»Es steht schlimm um uns!«, bemerkte Fidèle Misonne.

»Und wer weiß, ob wir davonkommen werden«, versetzte Aupic.

»Jedenfalls müssen wir dieses Schneehaus verlassen!«, sagte André Vasling.

»Das ist unmöglich!«, entgegnete Penellan. »Die Kälte dort draußen ist entsetzlich; hier im Haus werden wir ihr vielleicht standhalten können.«

»Gebt mir das Thermometer«, sagte André Vasling.

Aupic reichte ihm das Instrument; es zeigte trotz des Feuers in der Hütte zehn Grad unter Null. André Vasling hob die Leinwand vor der Türöffnung empor und streckte die Hand mit dem Thermometer eilig hinaus, damit er durch den vom Wind aufgewirbelten Hagel von Eissplittern nicht verletzt wurde.

»Nun, Herr Vasling«, fragte Penellan, »wollen Sie noch hinausgehen? … Sie sehen wohl, dass wir hier im Haus viel sicherer sind.«

»Ja, und wir müssen alle nur denkbaren Anstrengungen unternehmen, um das Gebäude innerlich zu stützen«, fügte Jean Cornbutte hinzu.

»Aber es gibt noch eine andere, viel schrecklichere Gefahr, die uns bedroht«, sagte André Vasling.

»Und welche?«, fragte Jean Cornbutte.

»Der Wind zerbricht das Eis unter uns, wie er die Eisschollen am Vorgebirge zerbrochen hat, und wir werden entweder fortgerissen oder versenkt.«

»Das scheint mir schwierig«, entgegnete Penellan, »denn die Kälte ist so stark, dass alles Flüssige sofort gefriert. Lasst uns sehen, welche Temperatur wir haben.«

Er hob die Leinwand so an, dass er gerade den Arm hindurchstecken konnte, und hatte einige Mühe damit, das Thermometer im Schnee zu finden. Endlich gelang es ihm, das Instrument zu ergreifen, und als er es an die Lampe hielt, sagte er:

»Zweiunddreißig Grad unter Null! Das ist die größte Kälte, die wir bisher erlebt haben.«

»Noch weitere zehn Grad«, fügte André Vasling hinzu, »und das Quecksilber würde gefrieren!«

Ein düsteres Schweigen folgte dieser Betrachtung.

Gegen acht Uhr morgens versuchte Penellan nochmals auszugehen, um sich ein Urteil über die Situation zu verschaffen. Außerdem musste auch für den Rauch, den der Wind immer wieder in die Hütte zurücktrieb, ein Ausweg gebahnt werden. Der Seemann hüllte sich so eng wie möglich in seine Kleider ein, befestigte die Kapuze seines Mantels mit dem Taschentuch auf dem Kopf und hob die Zeltleinwand empor.

Die Öffnung war vollständig durch Schnee versperrt. Penellan nahm seinen eisenbeschlagenen Stab und schaffte es, ihn in die kompakte Masse zu bohren; aber sein Blut erstarrte vor Schreck, als er spürte, dass auch das äußerste Ende des Stockes nicht durchdrang, sondern auf einen harten Körper stieß.

»Cornbutte«, sagte er zum Kapitän, der näher an ihn herangetreten war, »wir sind unter dem Schnee begraben!«

»Was sagst du?«, rief dieser.

»Ich sage, dass sich der Schnee über und um uns aufgetürmt hat; er ist gefroren, und so sind wir lebendig begraben!«

»Versuchen wir, die Schneemassen zurückzustoßen«, schlug der Kapitän vor.

Die beiden Freunde stemmten sich mit aller Macht gegen das Hindernis, das die Tür versperrte, aber sie konnten es nicht bewegen. Der Schnee bildete einen Eisblock von mehr als fünf Fuß Dicke, der mit dem Haus vollständig verschmolzen war.

Jean Cornbutte konnte einen Schrei nicht unterdrücken, der Misonne und André Vasling aufweckte. Ein Fluch drang zwischen den Zähnen des Letzteren hervor, und seine Züge verzerrten sich. In diesem Augenblick drang der Rauch, der dicker war als je zuvor, ins Innere des Häuschens zurück, da er keinen Ausweg ins Freie finden konnte.

»Verdammt!«, rief Misonne. »Das Ofenrohr ist durch den Schnee verstopft!«

Penellan ergriff abermals seinen Stab und nahm den Ofen auseinander, nachdem er die Glut durch Schnee gelöscht hatte. Dadurch entstand jedoch ein solcher Rauch, dass man kaum noch den Lichtschein der Lampe erkennen konnte. Dann ver-

Zweiunddreißig Grad unter Null!

suchte er, mit seinem Stock die Abzugsöffnung frei zu machen, doch überall stieß er nur auf einen Fels aus Eis.

Nun musste man nicht mehr auf ein grässliches Ende warten, dem ein schrecklicher Todeskampf vorausgehen würde.

Der Rauch drang den Unglücklichen in die Kehle und verursachte ihnen so unerträgliche Schmerzen, dass ihnen bald die Luft ausgehen würde.

Auch Marie erhob sich nun, und ihre Gegenwart, die Jean Cornbutte zur Verzweiflung brachte, gab Penellan neuen Mut. Der Zweite Steuermann sagte sich, dass dieses arme Kind nicht zu einem so schauerlichen Tod bestimmt sein könne.

»Nun«, sagte das Mädchen, »ihr habt also ein zu starkes Feuer entzündet? Der Raum ist ja voller Rauch!«

»Ja … ja …«, antwortete der Zweite Steuermann zögernd.

»Man merkt es sogleich«, fuhr Marie fort, »denn es ist nicht mehr kalt; und es ist schon lange her, dass wir es so warm gehabt haben.«

Niemand konnte sich entschließen, ihr die furchtbare Wahrheit mitzuteilen.

»Komm, Marie«, sagte Penellan plötzlich, indem er die Initiative ergriff, »hilf uns, das Frühstück zu bereiten. Es ist zu kalt, um auszugehen. Hier ist der der Ofen, hier ist der Spiritus, hier ist der Kaffee. Nun macht schon, Männer, her mit dem Pemmikan, denn das verfluchte Wetter hindert uns daran, auf die Jagd zu gehen.«

Diese Worte brachten wieder etwas Leben in seine Gefährten.

»Essen wir erst einmal«, fügte Penellan hinzu, »und dann werden wir sehen, wie wir hier herauskommen.«

Der zweite Steuermann ging mit gutem Beispiel voran und verzehrte seine Portion. Seine Gefährten eiferten ihm nach, indem sie eine Tasse heißen Kaffees tranken, der etwas Mut in ihre Herzen brachte. Sodann bestimmte Jean Cornbutte sehr energisch, dass sofort alle Mittel zur Rettung versucht werden sollten.

An dieser Stelle warf André Vasling ein:

»Wenn der Sturm noch andauert, was sehr wahrscheinlich ist, müssen wir mindestens zehn Fuß unter dem Schnee begraben sein, denn man hört hier nicht das leiseste Geräusch von draußen!«

Penellan sah zu Marie hinüber; sie hatte die Lage begriffen, aber sie zitterte nicht.

Nun ließ Penellan die Spitze seines eisenbeschlagenen Stockes an der Spiritusflamme rotglühend werden und stieß sie nacheinander in alle vier Wände, ohne jedoch irgendwo einen Ausweg zu finden. Deshalb schlug Jean Cornbutte vor, dass an der Tür eine Öffnung gegraben werden sollte. Das Eis war so hart, dass die Entermesser nur schwer eindringen konnten. Die herausgeschlagenen Stücke blockierten schon bald das Innere der Hütte. Nach zwei Stunden harter Arbeit war der ausgehöhlte Gang noch keine drei Fuß tief.

Man musste sich daher ein rascheres Mittel einfallen lassen, durch welches das Haus weniger erschüttert wurde, denn je weiter man vordrang, desto härter wurde das Eis und desto größere Anstrengungen musste man machen, um es zu durchbrechen. Penellan kam auf den Gedanken, sich des Spirituskochers zu bedienen, um das Eis in der erwünschten Richtung zu schmelzen. Dies war ein sehr gewagtes Mittel, da sie nur eine kleine Menge Spiritus mitgenommen hatten, und wenn sich ihre Einkerkerung verlängern sollte, würde er ihnen fehlen, wenn sie ihre Mahlzeiten zubereiteten. Trotzdem erhielt dieser Plan allseitige Zustimmung und wurde zur Ausführung gebracht. Man grub zuerst ein Loch von drei Fuß Tiefe und einem Fuß im Durchmesser, um das Wasser des schmelzenden Eises darin zu sammeln, und man hatte diese Vorsichtsmaßregel nicht zu bereuen, denn das Wasser begann sehr bald unter der Einwirkung des Feuers, das Penellan über die Schneemassen bewegte, herab zu sickern.

Die Öffnung wurde allmählich größer, aber lange durfte die Arbeit auf diese Weise nicht fortgesetzt werden, da das Wasser sich über die Kleider der Leute ergoss und sie vollständig durchdrang. Schon nach einer Viertelstunde war Penellan gezwungen, den Spirituskocher zurückzuziehen, um sich selbst zu trocknen. Misonne nahm nun seine Stelle ein und bewies dabei nicht weniger Mut.

Obwohl der Gang nach zwei Stunden Arbeit schon fünf Fuß tief war, konnte der Eisenstab noch immer keinen Ausweg nach Draußen finden.

»Es ist unmöglich«, sagte Jean Cornbutte, »dass so viel Schnee gefallen ist. Der Wind muss ihn an dieser Stelle angehäuft haben. Vielleicht sollten wir darüber nachdenken, an einer anderen Stelle zu entfliehen?«

»Ich weiß nicht«, antwortete Penellan. »Aber ich denke, wir fahren in der eingeschlagenen Weise fort, die Wand zu durchbohren, und wäre es auch nur, um unsere Gefährten nicht zu entmutigen. Es ist unmöglich, dass wir dann keinen Ausweg finden!«

»Wird uns der Spiritus nicht ausgehen?«, fragte der Kapitän.

»Ich hoffe nicht«, erwiderte Penellan, »allerdings nur unter der Bedingung, dass wir auf Kaffee und heiße Getränke verzichten. Allerdings ist dies nicht das, was mich am meisten beunruhigt.«

»Was sonst, Penellan?«, fragte Jean Cornbutte.

»Mangels Öl wird unsere Lampe bald erlöschen, und auch unsere Lebensmittel gehen dem Ende entgegen. Wir sind nun in Gottes Hand!«

Dann trat Penellan zu André Vasling, der energisch an der gemeinsamen Befreiung mitarbeitete, um ihn abzulösen.

»Herr Vasling«, sagte er, »ich werde jetzt Ihre Stelle einnehmen, aber achten Sie bitte genau auf alle Anzeichen eines drohenden Schneerutsches, damit wir noch Zeit haben, Vorkehrungen dagegen treffen.«

Die Zeit der Ruhe war gekommen, und nachdem Penellan den Gang noch um einen Fuß verlängert hatte, kehrte er zurück und legte sich neben seinen Gefährten nieder.

Elftes Kapitel
Eine Rauchwolke

Als die Seeleute am nächsten Tag erwachten, war alles um sie herum dunkel. Die Lampe war ausgegangen. Jean Cornbutte weckte nun Penellan und bat ihn um sein Feuerzeug, worauf dieser sich erhob, um den Ofen anzuzünden, dabei aber heftig gegen die Eisdecke stieß. Er erschrak furchtbar, denn noch am Abend zuvor hatte er aufrecht stehen können. Als das Feuer im Ofen brannte, sah er beim flackernden Schein der Spiritusflamme, dass sich die Decke um einen Fuß gesenkt hatte.

Penellan kehrte voller Wut an die Arbeit zurück.

In diesem Moment erkannte das Mädchen im Lichtschein des Ofens, wie Verzweiflung und Willenskraft auf den rauen Zügen des Zweiten Steuermanns miteinander kämpften. Sie kam auf ihn zu, ergriff seine Hände und drückte sie zärtlich. Penellan fühlte, wie ihn der Mut wieder belebte.

»So kann sie doch nicht sterben!«, rief er.

Er nahm den Spirituskocher zur Hand und begann, von Neuem in die enge Öffnung zu kriechen. Dort stieß er mit kräftiger Hand den Eisenstab hinein und – fühlte keinen Widerstand. War er bis an die weichen Schneeschichten gelangt? Er zog seinen Stock zurück, und ein Lichtstrahl drang in das Schneehaus.

»Zu mir, meine Freunde!«, rief er.

Und mit Händen und Füßen stieß er den Schnee zurück. Aber die äußere Hülle war nicht aufgetaut, wie er geglaubt hatte. Mit dem Lichtstrahl drang eine heftige Kälte in die Hütte und ließ alle feuchten Teile augenblicklich erstarren. Mit seinem Entermesser vergrößerte Penellan die Öffnung und konnte endlich wieder frische Luft atmen. Er sank auf seine Knie, um Gott zu danken, und bald schlossen sich ihm das Mädchen und seine Reisegefährten an.

Ein prächtiger Mond erhellte die Atmosphäre, die so bitter kalt war, dass die Seeleute sie nicht ertragen konnten. Also kehrten sie wieder zurück, doch zuvor schaute Penellan sich noch einmal um. Das Vorgebirge war verschwunden, und die Hütte befand sich inmitten einer unermesslichen Eisebene. Penellan wollte sich nun dem Schlitten zuwenden, auf dem sich ihr Proviant befand, aber der Schlitten war verschwunden.

Die Kälte zwang ihn zur Rückkehr. Er sagte zu seinen Begleitern kein Wort. Man musste vor allem die Kleider an der Spiritusflamme trocknen. Das Thermometer, das nur einen Augenblick der Luft ausgesetzt war, zeigte dreißig Grad unter Null.

Nach einer Stunde beschlossen André Vasling und Penellan, der kalten Außenluft zu trotzen. Sie hüllten sich in ihre noch feuchten Kleider ein und traten durch die Öffnung, deren Wände bereits die Härte eines Felsens angenommen hatten, ins Freie hinaus.

»Wir sind in nordöstlicher Richtung getrieben worden«, sagte André Vasling und orientierte sich an den Sternen, die in außerordentlichem Glanz leuchteten.

»Daran wäre nichts Schlimmes«, erwiderte Penellan, »wenn uns nur der Schlitten begleitet hätte!«

»Der Schlitten ist nicht mehr da?«, rief André Vasling. »Aber dann sind wir verloren!«

»Suchen wir«, antwortete Penellan.

Sie gingen um die Hütte herum, die einen Eisblock von mehr als fünfzehn Fuß Höhe bildete. Während der Dauer des Sturmes war eine ungeheure Menge Schnee gefallen, und der Wind hatte ihn an der einzigen erhöhten Stelle der Ebene zusammengeweht. Inmitten des zerborstenen Eises war der ganze Block vom Orkan mehr als fünfundzwanzig Meilen weit nach Nordosten getrieben worden, und die Gefangenen hatten das Los ihres schwimmenden Gefängnisses geteilt. Der von einer

Verzweiflung und Willenskraft.

weiteren Eisscholle getragene Schlitten war wohl in eine andere Richtung abgetrieben worden, denn man bemerkte keine Spur von ihm, und die Hunde mussten dem furchtbaren Unwetter erlegen sein.

André Vasling und Penellan fühlten, wie die Verzweiflung sich ihrer Gemüter bemächtigte. Sie wagten es nicht, wieder in das Schneehaus zurückzukehren. Sie wagten es nicht, ihren Leidensgenossen diese verhängnisvolle Botschaft zu überbringen. Sie erkletterten sogar den Eisblock, in den die Hütte gegraben worden war, aber sie nahmen nichts als die unendliche, weiße Weite wahr, die sie auf allen Seiten umgab. Schon lähmte die Kälte ihre Glieder, und die Feuchtigkeit in ihren Kleidern hatte sich in eisige Zacken verwandelt, die an ihnen herabhingen.

Als Penellan eben wieder von dem Hügel herabsteigen wollte, warf er einen Blick auf André Vasling. Plötzlich sah er, wie dieser nach einer bestimmten Stelle blickte, dann zu zittern begann und erbleichte.

»Was ist mit Ihnen, Herr Vasling?«, fragte er.

»O, nichts!«, antwortete dieser. »Steigen wir hinab und verlassen wir so schnell wie möglich diese Gegend, die wir nie betreten hätten sollen.«

Aber anstatt dies zu tun, stieg Penellan noch einmal hinauf und ließ den Blick in die Richtung wandern, die die Aufmerksamkeit des Ersten Steuermanns erregt hatte. Der Anblick brachte bei ihm eine ganz andere Wirkung hervor, denn er schrie laut auf vor Freude und rief:

»Gott sei Dank!«

In nordöstlicher Richtung stieg ein leichter Rauch auf. Ein Irrtum war ausgeschlossen. Dort mussten menschliche Wesen leben und atmen! Penellans Freudenruf lockte auch die Gefährten herbei, und alle konnten sich mit eigenen Augen überzeugen, dass sich der Zweite Steuermann nicht geirrt hatte.

Sofort, ohne sich um den Mangel an Lebensmitteln Sorgen zu machen oder über die strenge Kälte nachzudenken, rückte nun die ganze Gesellschaft, fest in ihre Mäntel gehüllt, nach der bezeichneten Stelle vor.

Ihr Ziel, das die kleine Truppe überstürzt ansteuerte, lag etwa fünf bis sechs Meilen entfernt im Nordosten, und es wurde sehr schwierig, die Richtung zu halten. Der Rauch war verschwunden und keine Bodenerhebung konnte ihnen als Orientierungspunkt dienen, denn die Eisfläche bildete eine vollständige Ebene.

Es war allerdings wichtig, nicht von der geraden Linie abzuweichen.

»Da wir uns nicht nach entfernten Gegenständen richten können«, begann Jean Cornbutte, »müssen wir andere Hilfsmittel versuchen: Penellan geht voran, Vasling zwanzig Schritte nach ihm, und ich zwanzig Schritte nach Vasling. Auf diese Weise kann ich beurteilen, ob Penellan von der geraden Linie abweicht.«

Eine halbe Stunde war man auf diese Weise marschiert, als Penellan plötzlich anhielt und horchte.

Die Seeleute holten ihn ein.

»Habt ihr nichts gehört?«, fragte er.

»Nichts«, antwortete Misonne.

»Das ist seltsam!«, meinte Penellan. »Es kam mir vor, als ob ich von dieser Seite her Rufe vernommen hätte.«

»Rufe?«, fiel das Mädchen ein. »Dann wären wir unserem Ziel also ganz nahe!«

»Wir haben noch keinen Grund, das anzunehmen«, entgegnete André Vasling. »In diesen hohen Breiten und bei so strenger Kälte trägt der Schall außerordentlich weit.«

»Nun, wie dem auch sei«, sagte Jean Cornbutte, »gehen wir weiter, sonst erfrieren wir.«

»Nein!«, rief Penellan! »Hört doch!«

Einige schwache, gerade noch hörbare Laute erklangen. Es schienen Angst- und Schmerzensrufe zu sein. Sie wiederholten sich zweimal; man hätte glauben können, es riefe jemand um Hilfe. Dann wieder tiefes Schweigen rings umher.

»Ich habe mich nicht geirrt«, sagte Penellan. »Vorwärts!«

Und er begann in die Richtung dieser Rufe zu laufen. Etwa zwei Meilen legte er so zurück, und seine Verblüffung war groß, als er einen Mann auf dem Eis liegen sah. Er näherte sich ihm, richtete ihn auf und hob verzweiflungsvoll die Hände zum Himmel.

André Vasling, der ihm mit den anderen Matrosen auf dem Fuße gefolgt war, eilte herbei und rief:

»Es ist einer der Schiffbrüchigen! Das ist unser Matrose Cortrois!«

»Er ist tot«, entgegnete Penellan. »Erfroren!«.

Auch Jean Cornbutte und Marie trafen bei der Leiche ein, die schon starr vor Frost war. Auf allen Gesichtern malte sich die Verzweiflung. Der Tote war ein Begleiter Louis Cornbuttes gewesen.

»Vorwärts!« rief Penellan.

Und wieder waren sie, ohne ein Wort zu sprechen, eine halbe Stunde gelaufen, als sie eine Bodenerhebung bemerkten, die unbedingt Land sein musste.

»Das ist die Insel Shannon«, sprach Jean Cornbutte.

Eine Meile weiter bemerkten sie deutlich Rauch, der aus einer mit einer hölzernen Tür verschlossenen Schneehütte hervorkam. Sie riefen. Zwei Männer stürmten aus der Hütte, und unter ihnen erkannte Penellan Pierre Nouquet.

»Pierre!« rief er.

Doch dieser stand wie stumpfsinnig da, als ob er nichts von all dem bemerkte, was um ihn her vorging. André Vasling beobachtete mit einiger Besorgnis und grausamer Freude die Kameraden Pierre Nouquets, die nach und nach aus der Hütte traten, denn er erkannte Louis Cornbutte nicht unter ihnen.

»Pierre! Ich bin es!«, rief Penellan. »Dies alles hier sind deine Freunde!«

Pierre Nouquette kam jetzt zu sich und fiel seinem alten Kameraden in die Arme.

»Und mein Sohn! Mein Louis!«, schrie Jean Cornbutte im Ton tiefster Verzweiflung.

Zwölftes Kapitel
Rückkehr zum Schiff

In diesem Augenblick trat ein sterbenskranker Mann aus dem Häuschen und schleppte sich über das Eis.

Es war Louis Cornbutte.

»Mein Sohn!«

»Mein Verlobter!«

Diese beiden Rufe ertönten zu gleicher Zeit, dann sank Louis Cornbutte besinnungslos in die Arme seines Vaters und des Mädchens. Sie trugen ihn in die Hütte, wo ihre Bemühungen ihn wieder ins Leben zurückholten.

»Mein Vater! Marie!«, rief Louis Cornbutte. »So sehe ich euch also noch einmal, bevor ich sterbe!«

»Du wirst nicht sterben!«, antwortete Penellan. »Denn alle deine Freunde sind jetzt bei dir.«

André Vasling musste einen gewaltigen Hass gegen den jungen Kapitän hegen, um ihm jetzt nicht die Hand zu reichen; aber er tat es nicht.

Pierre Nouquet wusste sich vor Freude nicht zu fassen. Er umarmte sie alle, und dann warf er so viel Holz in den Ofen, dass bald eine behagliche Temperatur in der Hütte herrschte.

Hier befanden sich noch zwei Männer, die weder Jean Cornbutte noch Penellan bekannt waren. Es waren Jocki und Herming, die beiden einzigen norwegischen Matrosen, die von der Mannschaft der *Froöern* noch übrig geblieben waren.

»Meine Freunde, wir sind gerettet!«, sagte Louis Cornbutte. »Mein Vater! Marie! Wie vielen Gefahren habt ihr euch ausgesetzt!«

»Wir bereuen es nicht, Louis«, sprach Jean Cornbutte. »Deine Brigg, die *Jeune-Hardie*, liegt sechzig Meilen von hier fest verankert im Eis. Wir alle wollen uns dorthin begeben.«

»Wie wird sich Cortrois freuen, wenn er wiederkommt«, begann Pierre Nouquet.

Auf diese Worte folgte ein trübes Schweigen, und dann berichtete Penellan Pierre Nouquet und Louis Cornbutte vom Tod ihres Gefährten, den die Kälte besiegt hatte.

»Meine Freunde«, sagte Penellan, »wir sollten hier so lange warten, bis die Kälte nachlässt. Ihr habt doch Lebensmittel und Holz?«

»Ja, und was von der *Froöern* übrig ist, das werden wir verbrennen!«

Tatsächlich war die *Froöern* vierzig Meilen von der Stelle, wo Louis Cornbutte überwintern wollte, angetrieben und von den Eisschollen, die beim Tauwetter zu schwimmen begonnen hatten, zertrümmert worden. Die armen Seeleute wurden mit einem Teil der Schiffstrümmer, aus denen sie später ihre Hütte erbauten, auf das südliche Ufer der Insel Shannon geworfen.

Die Schiffbrüchigen waren damals fünf an der Zahl, nämlich Louis Cornbutte, Cortrois, Pierre Nouquet, Jocki und Herming. Was die übrige Mannschaft des Norwegers anbelangt, so war sie im Augenblick des Schiffbruchs mit dem Beiboot untergegangen.

Sobald Louis Cornbutte sah, dass die Eisfelder, in die er geraten war, sich wieder um ihn her schlossen, traf er alle Vorkehrungen, um den Winter dort zubringen zu können. Er war ein energischer Mann von großer Tatkraft und außerordentlichem Mut, aber trotz seiner Standhaftigkeit war er von dem entsetzlichen Klima bezwungen worden, und als sein Vater ihn wiederfand, erwartete er nur noch den Tod.

Er musste übrigens nicht nur gegen die Elemente, sondern auch gegen die Böswilligkeit der norwegischen Matrosen ankämpfen, obgleich Letztere ihm doch ihr Leben verdankten. Sie waren zwei Individuen von so wilder und unkultivierter Art, dass sie auch für die natürlichsten Gefühle unempfänglich waren. Als dann Louis Cornbutte die Gelegenheit fand, sich

Es war Louis Cornbutte.

mit Penellan zu unterhalten, riet er ihm, besonders misstrauisch zu sein. Im Gegenzug berichtete Penellan ihm von André Vaslings Verhalten. Louis Cornbutte konnte das kaum glauben, doch Penellan machte ihm klar, dass nach seinem Verschwinden André Vasling ganzes Verhalten darauf gerichtet war, sich die Hand des Mädchens zu sichern.

Der gesamte folgende Tag wurde der Ruhe und der Freude des Wiedersehens gewidmet. Fidèle Misonne und Pierre Nouquet erlegten in der Nähe des Hauses, von dem sie sich klugerweise nicht allzu weit entfernten, einige Seevögel. Dieser frische Proviant und das kräftig geschürte Feuer sorgten dafür, dass sich der Zustand der Kranken merklich verbesserte. Auch Louis Cornbutte fühlte sich nun sehr viel besser. Dies war der erste Freudentag, der den guten Leuten zuteilwurde, und sie feierten ihn mit Begeisterung in dieser elenden Hütte, die sechshundert Meilen weit im nördlichen Eismeer lag, während draußen eine Kälte von dreißig Grad herrschte.

Diese Temperatur dauerte bis zum Neumond an, sodass Louis Cornbutte und seine Gefährten erst um den 17. November herum, acht Tage nach ihrer Vereinigung, an einen Aufbruch denken konnten. Sie hatten zwar nur das Licht der Sterne, dem sie folgen konnten, aber der Frost war weniger scharf, und es schneite sogar.

Vor dem Verlassen dieses Ortes hob man noch ein Grab für den armen Cortrois aus. Eine traurige Zeremonie, die seinen Gefährten sehr zu Herzen ging. Er war der erste von ihnen, der die Heimat nicht mehr wiedersehen würde.

Misonne hatte aus den Brettern der Hütte eine Art Schlitten gebaut, der ihnen zum Transport der Vorräte dienen sollte und von den Matrosen abwechselnd gezogen wurde. Jean Cornbutte führte den Trupp über die bereits zurückgelegten Wege. Wenn die Ruhezeit kam, wurden die Lager stets mit großer Schnelligkeit eingerichtet. Der alte Seemann hoffte, dass er seine Proviant-Depots wiederfinden würde, denn diese waren bei einem Zuwachs von vier Personen unumgänglich nötig geworden. Darum war er bemüht, nicht von seiner Route abzuweichen.

Durch eine Fügung des Glücks gelang es ihm, sich wieder in den Besitz seines Schlittens zu setzen, der nahe des Vorgebirges, wo sie so viele Gefahren überstanden hatten, angetrieben worden war. Die Hunde hatten zur Stillung ihres Hungers die Riemen gefressen und sich dann an die Vorräte auf dem Schlitten gemacht. Das war es, was sie bis jetzt zurückgehalten hatte, und sie selbst führten die Gruppe zu dem Schlitten, auf dem sich noch immer Lebensmittel in reichlicher Menge befanden.

Die kleine Truppe nahm nun ihren Weg zum Winterhafen wieder auf. Die Hunde wurden vor den Schlitten gespannt, und so kam die Expedition ohne weiteren Zwischenfall an ihr Ziel.

Louis Cornbutte.

Man musste jedoch feststellen, dass sich Aupic, André Vasling und die beiden Norweger abseits hielten und sich nicht unter ihre Gefährten mischten; doch ohne es zu wissen, wurden sie genau beobachtet. Nichtsdestotrotz warf dieser Keim der Zwietracht mehr als einmal seinen schrecklichen Schatten auf Louis Cornbutte und Penellan.

Um den 7. Dezember herum, zwanzig Tage nach ihrer Wiedervereinigung, erblickten sie die Bai, in der die *Jeune-Hardie* überwinterte. Wie groß war aber ihr Erstaunen, als sie feststellten, dass die Brigg vier Meter hoch in der Luft auf Eisblöcken schwebte. In lebhafter Sorge um die Gefährten eilten sie herbei und wurden von Gervique, Turquiette und Gradlin mit Freudengeschrei empfangen. Sie alle waren bei guter Gesundheit, hatten jedoch gleichfalls schwere Gefahren bestanden.

Der Sturm war im ganzen Polarmeer zu spüren gewesen. Die Eisschollen waren zertrümmert und verschoben worden, und indem sie untereinander glitten, hatten sie das Eisbett, in dem die *Jeune-Hardie* ruhte, erfasst. Da ihr spezifisches Gewicht sie über die Oberfläche des Wassers hinaustrieb, hatten sie eine unberechenbare Gewalt erlangt, und so war die Brigg plötzlich hoch über das Meer gehoben worden.

Die ersten Momente gehörten der Freude der Rückkehr. Die Seeleute des Forschertrupps freuten sich, alles in einem guten Zustand wiederzufinden; sie konnten jetzt einem zwar harten, aber doch erträglichen Winter entgegensehen. Durch die Anhebung hatte das Schiff nicht gelitten, es war vollkommen fest und solide. Um es wieder flott zu machen, war nichts weiter nötig, als es bei Einsetzen des Tauwetters auf einer geneigten Ebene ins offene Meer hinabgleiten zu lassen.

Aber eine schlimme Nachricht trübte die Gesichter von Jean Cornbutte und seinen Gefährten. Während des furchtbaren Orkans war das an der Küste errichtete Schneemagazin gänzlich zerstört worden; die darin enthaltenen Lebensmittel waren nach allen Seiten verstreut und es war nicht möglich gewesen, auch nur den kleinsten Teil davon zu retten. Sobald Jean und Louis Cornbutte von diesem Unglück erfuhren, durchforschten sie den Frachtraum und die Kombüse der Brigg, um sich zu vergewissern, wie viele Vorräte noch vorhanden waren.

Das Tauwetter würde erst im Monat Mai einsetzen.

Die Brigg konnte den Winterhafen nicht vor dieser Zeit verlassen. Es blieben ihnen also noch fünf Wintermonate, die sie inmitten des Eisfeldes zubringen mussten, und während dieser Zeit galt es, vierzehn Personen zu ernähren. Nach genau angestellter Berechnung kam Jean Cornbutte zu dem Ergebnis, dass der Proviant höchstens bis zur Abfahrt ausreichen würde, und dies auch nur, wenn alle auf halbe Ration gesetzt werden würden. Die Jagd wurde also zu einer notwendigen Maßnahme, um reichlichere Nahrung herbeischaffen zu können.

Aus Furcht, dass sich das Unglück wiederholen könnte, beschloss man, keine Vorräte mehr an Land zu deponieren. Alles blieb an Bord der Brigg, und die Betten für die Neuankömmlinge wurden im gemeinsamen Matrosenlogis aufgeschlagen. Turquiette, Gervique und Gradlin hatten während der Abwesenheit ihrer Gefährten eine Treppe in das Eis geschlagen, auf der man bequem bis zum Schiffsverdeck hinaufgelangen konnte.

Dreizehntes Kapitel
Die beiden Rivalen

André Vasling hatte mit den beiden norwegischen Matrosen Freundschaft geschlossen.

Auch Aupic schloss sich ihrer Gruppe an, die sich generell abseits hielt und alle neuerdings getroffenen Maßnahmen tadelte. Doch Louis Cornbutte, der von seinem Vater den Oberbefehl über die Brigg zurückerhalten hatte, war wieder Herr an Bord und verstand in diesem Punkt keinen Spaß; ungeachtet der Bitten Maries, mit den Leuten mild zu verfahren, machte er deutlich, dass er von ihnen in jeder Beziehung Gehorsam verlange.

Nichtsdestotrotz gelang es zwei Tage später den Norwegern, sich einer Kiste mit gesalzenem Fleisch zu bemächtigen. Louis Cornbutte verlangte, dass sie sofort zurückgegeben werde, doch Aupic machte gemeinsame Sache mit den Kerlen, und André Vasling gab sogar zu verstehen, dass die Maßnahmen zur Rationierung der Nahrung nicht länger fortdauern durften.

Es hatte keinen Zweck, den Unglücklichen beweisen zu wollen, dass man nur im gemeinsamen Interesse handelte, denn sie wussten das und suchten nur einen Vorwand zur Meuterei. Penellan rückte nun gegen die beiden Norweger vor, die sofort ihre Messer zogen, aber mithilfe von Misonne und Turquiette gelang es ihm, ihnen diese zu entreißen und die Kiste mit dem gesalzenen Fleisch wieder abzunehmen. Als André Vasling und Aupic sahen, dass das Spiel sich gegen sie wandte, mischten sie sich nicht weiter ein. Trotzdem nahm Louis Cornbutte den Ersten Steuermann beiseite und sagte:

»André Vasling, Sie sind ein Schuft! Ich kenne Ihr ganzes Verhalten und weiß sehr wohl, was Sie im Schilde führen; da

Penellan rückte nun gegen die beiden Norweger vor.

mir jedoch das Wohl der ganzen Mannschaft anvertraut ist, werde ich jeden mit eigener Hand niederstechen, der es wagt, eine Verschwörung gegen mich anzuzetteln!«

»Louis Cornbutte«, antwortete ihm der Angesprochene, »es steht Ihnen frei, sich als Herr aufzuspielen, aber vergessen Sie nicht, dass es hier keinen hierarchischen Gehorsam mehr gibt und dass nur der Stärkste die Gesetze macht.«

Marie hatte sich nie vor den Gefahren des Eismeeres gefürchtet, aber dieser Hass, für den sie die Ursache war, machte ihr Angst, und Louis Cornbuttes energisches Auftreten konnte sie kaum wieder beruhigen.

Trotz der Kriegserklärung wurden die Mahlzeiten zur gleichen Zeit und gemeinsam eingenommen. Die Jagd versorgte sie noch einige Zeit mit Schneehühnern und weißen Hasen, aber da es schon bald immer kälter wurde, drohte auch diese Hilfsquelle zu versiegen.

Die große Kälte setzte am 22. Dezember mit der Sonnenwende ein, und das Thermometer zeigte an diesem Tag fünfunddreißig Grad unter Null. Die Seeleute bekamen Schmerzen in den Ohren, der Nase und an allen Gliedmaßen; sie wurden von so tiefer Apathie und so heftigen Kopfschmerzen ergriffen, dass ihnen das Atmen immer schwerer fiel.

In diesem Zustand hatten sie nicht mehr den Mut, auf die Jagd zu gehen oder irgendwelche Aufgaben zu übernehmen. Sie blieben um den Ofen herum hocken, der nur eine ungenügende Wärme ausstrahlte, und sobald sie sich ein wenig von ihm entfernten, fühlten sie ihr Blut schlagartig erstarren.

Jean Cornbutte sah, wie schwer seine Gesundheit angegriffen war, und konnte seine Wohnung nicht mehr verlassen. Neue Symptome des Skorbuts traten bei ihm auf, und seine Beine bedeckten sich mit weißlichen Flecken. Das Mädchen war wohlauf und kümmerte sich mit der Beflissenheit einer barmherzigen Schwester um die Kranken. Dafür segneten die wackeren Matrosen sie aus tiefstem Herzen.

Der 1. Januar war einer der trübsten Tage des Winters. Der Wind stürmte heftig, und es war unerträglich kalt. Man konnte nicht ausgehen, ohne sich dem Erfrieren auszusetzen. Die Mutigsten mussten sich darauf beschränken, auf dem Verdeck, das von einem Zelt geschützt wurde, spazieren zu gehen. Jean Cornbutte, Gervique und Gradlin verließen ihre Betten nicht mehr. Die beiden Norweger, Aupic und André Vasling, deren Gesundheit nicht gelitten hatte, warfen wilde Blicke auf ihre Gefährten, die so elend dahinsiechten.

Louis Cornbutte führte Penellan auf das Verdeck und fragte ihn, wie es mit den Brennmaterialvorräten stände.

»Die Kohlen sind schon lange aufgebraucht«, antwortete dieser. »Wir verbrennen jetzt unsere letzten Holzstücke.«

»Wenn es uns nicht gelingt, diese Kälte zu bekämpfen«, sagte Louis Cornbutte, »dann sind wir verloren.«

André Vasling.

»Ein Mittel bleibt uns noch«, antwortete Penellan. »Wir verbrennen alles entbehrliche Holzwerk unserer Brigg, von der Reling bis zur Wasserlinie herab, und zur Not können wir sie sogar gänzlich zerstören und ein kleineres Fahrzeug bauen.«

»Dies wäre ein extremes Mittel«, entgegnete Louis Cornbutte, »das man immer noch anwenden könnte, wenn unsere Leute wieder gesund werden, denn«, fügte er mir leiser Stimme hinzu, »leider nehmen unsere Kräfte sichtlich ab, während die Stärke unserer Feinde zu wachsen scheint. Das ist ziemlich auffallend!«

»Richtig«, gab Penellan zu, »und ohne die Vorsicht, Tag und Nacht wachsam zu sein, weiß ich nicht, was mit uns geschehen würde.«

»Nehmen wir unsere Beile«, sagte Louis Cornbutte, »um Holzernte zu halten.«

Trotz der Kälte erstiegen beide Männer die Verschanzungen des Vorderdecks und hieben alles Holz herunter, das nicht von unentbehrlichem Nutzen für das Schiff war. Dann kamen sie mit diesen Vorräten beladen wieder zurück. Der Ofen wurde erneut gefüllt, und ein Mann musste als Wache zurückbleiben, damit das Feuer nicht ausging.

Louis Cornbutte und seine Freunde waren bald aufs Äußerste angespannt. Sie konnten ihren Feinden nicht die kleinste Aufgabe des täglichen Lebens anvertrauen. Da die ganze Last der häuslichen Sorgen allein auf ihnen lag, spürten sie bald, wie ihre Kräfte sich erschöpften. Bei Jean Cornbutte brach der Skorbut aus, und er litt unter fürchterlichen Schmerzen. Gervique und Gradlin waren ebenfalls betroffen. Ohne den Vorrat an Zitronensaft, mit dem sie sich reichlich versehen hatten, wären die Armen schnell ihren Leiden erlegen; so aber brauchte man mit diesem wirksamen Mittel nicht zu sparen.

Eines Tages jedoch – es war am 15. Januar –, als Louis Cornbutte in die Kombüse hinabstieg, um neue Zitronen zu holen, blieb er höchst erstaunt stehen, denn die Fässer, in denen die Zitronen lagerten, waren verschwunden. Er stieg wieder zu Penellan hinauf, um ihm das Unglück mitzuteilen. Es war ein Diebstahl begangen worden, und die Täter waren leicht auszumachen. Jetzt begriff Louis, warum ihre Feinde so gesund geblieben waren. Es stand nicht mehr in seiner Macht, ihnen diese Vorräte, von denen sein und seiner Gefährten Leben abhing, zu entreißen, und zum ersten Mal verfiel er in düstere Verzweiflung.

Vierzehntes Kapitel
Not und Elend

Am 20. Januar hatten die meisten der Unglücklichen keine Kraft mehr, ihr Bett zu verlassen. Jeder hatte außer seiner wollenen Decke noch ein Büffelfell, um sich vor der Kälte zu schützen; sobald aber einer von ihnen versuchte, seinen Arm in die Luft zu strecken, empfand er einen solchen Schmerz, dass er ihn sofort wieder zurückziehen musste.

Nachdem jedoch Louis Cornbutte den Ofen geheizt hatte, kamen Penellan, Misonne und André Vasling aus ihren Betten und kauerten sich um das Feuer. Penellan bereitete heißen Kaffee zu, was ihnen und auch Marie, die an ihrem Mahl teilnahm, eine gewisse Kraft zurückgab. Dann näherte sich Louis Cornbutte dem Bett seines Vaters, der fast reglos dalag, und dessen Beine durch die Krankheit ganz kraftlos geworden waren. Der alte Seemann murmelte einige abgebrochene Worte vor sich hin, die das Herz seines Sohnes zerrissen.

»Louis!«, sagte er. »Ich werde sterben! … Oh, was muss ich leiden! … Rette mich!«

Louis Cornbutte fasste einen schnellen Entschluss. Er kehrte zum Ersten Steuermann zurück und sagte zu ihm, sich mühsam beherrschend:

»Wissen Sie, wo die Zitronen sind, Vasling?«

»In der Kombüse, nehme ich an«, antwortete der Erste Steuermann, ohne sich aus der Ruhe bringen zu lassen.

»Sie wissen sehr gut, dass sie nicht mehr dort sind, weil ihr sie gestohlen habt!«

»Sie sind hier der Herr, Louis Cornbutte«, antwortete Vasling ironisch, »und können sagen und tun, was Ihnen beliebt.«

»Haben Sie Erbarmen, Vasling, mein Vater liegt im Sterben! Sie können ihn retten! Antworten Sie!«

»Ich habe nichts zu antworten«, entgegnete André Vasling.

»Elender!«, schrie Penellan und stürzte sich mit dem Messer in der Hand auf Vasling.

»Zu mir, meine Leute!«, rief André Vasling zurückweichend.

Aupic und die beiden Norweger sprangen aus ihren Betten und stellten sich hinter ihm auf. Misonne, Turquiette, Penellan und Louis waren bereit, sich zu verteidigen. Pierre Nouquet und Gradlin, obwohl sie matt und hinfällig waren, erhoben sich, um ihnen beizustehen.

»Sie sind noch zu stark für uns«, sagte André Vasling. »Wir wollen erst dann kämpfen, wenn wir uns ganz sicher sind!«

Die Seeleute fühlten sich so geschwächt, dass sie es nicht wagten, die vier Elenden anzugreifen, denn im Fall einer Niederlage wären sie verloren gewesen.

»André Vasling«, sagte Louis Cornbutte mit düsterer Stimme, »wenn mein Vater stirbt, dann hast du ihn ermordet, und ich bringe dich um wie einen Hund!«

André Vasling und seine Kumpane zogen sich ans andere Ende des Quartiers zurück und gaben keine Antwort.

Der Holzvorrat musste abermals erneuert werden; Louis Cornbutte stieg trotz der großen Kälte auf das Verdeck und begann einen Teil der Verschanzungen der Brigg abzuschlagen, doch nach einer Viertelstunde musste er sich zurückziehen, wenn er nicht Gefahr laufen wollte, von der Kälte übermannt zu werden. Im Vorübergehen warf er einen Blick auf das Thermometer und sah, dass das Quecksilber gefroren war. Die Kälte musste daher mehr als zweiundvierzig Grad unter Null betragen. Das Wetter war trocken und klar und der Wind wehte aus dem Norden.

Am 26. schlug der Wind um; er kam jetzt aus Nordosten, und die Kälte sank auf fünfunddreißig Grad. Jean Cornbutte rang mit dem Tode, und sein Sohn hatte vergebens ein Heilmittel für seine Schmerzen gesucht. An diesem Tag gelang es ihm jedoch, sich auf André Vasling zu werfen und ihm eine

Er antwortete ihr nicht.

Zitrone zu entreißen, die dieser soeben aussaugen wollte. Der Erste Steuermann gab sich keine Mühe, sie wieder zurück zu bekommen. Fast schien es, als warte er auf eine passende Gelegenheit, seine niederträchtigen Pläne auszuführen.

Der Zitronensaft gab Jean Cornbutte wieder etwas Kraft, aber man hätte das Mittel mehrfach anwenden müssen. Das Mädchen flehte André Vasling auf den Knien an, aber umsonst; er antwortete ihr nicht, und Penellan hörte, wie er kurz darauf zu seinen Kumpanen sagte:

»Der Alte liegt in den letzten Zügen! Gervique, Gradlin und Pierre Nouquet sind nicht viel besser dran! Die Kraft der anderen schwindet von Tag zu Tag mehr! Bald kommt der Augenblick, wo ihr Leben uns gehören wird!«

Louis Cornbutte und seine Gefährten beschlossen daher,

nicht länger zu warten und die geringe Kraft, die ihnen blieb, zu nutzen. Sie fassten den Entschluss, die Schurken in der folgenden Nacht zu töten, um nicht von ihnen ermordet zu werden.

Die Temperatur war ein wenig gestiegen. Louis Cornbutte wagte sich mit seiner Waffe ins Freie, um etwas Wild zu jagen.

Er lief etwa drei Meilen, und da er durch verschiedene Spiegelungs- und Brechungseffekte oft getäuscht wurde, entfernte er sich weiter als geplant vom Schiff. Das war leichtsinnig, denn auf dem Boden zeigten sich erneut die Spuren wilder Tiere. Doch Louis Cornbutte wollte nicht ohne frisches Fleisch zurückkehren, und so setzte er seinen Weg fort. Da überkam ihn ein eigentümliches Gefühl, das ihm den Kopf verwirrte; es war der sogenannte »weiße Schwindel«.

Die Reflexion der Eisberge und Eisflächen erfasste ihn nämlich mit solcher Gewalt, dass es ihm schien, als durchdringe ihn die weiße Farbe vom Kopf bis zu den Füßen. Sein Auge war davon gesättigt, sein Blick trübte sich unaufhaltsam. Er glaubte, er müsse vor all der Weiße irrsinnig werden. Ohne sich über diese furchtbare Wirkung Rechenschaft zu geben, ging er weiter und stöberte kurz darauf ein Schneehuhn auf, das er eifrig verfolgte. Der Vogel war bald erlegt, und Louis Cornbutte sprang, um ihn zu holen, von einer Eisscholle auf die Fläche herab. Aber anstatt einen Sprung von zwei Fuß zu tun, wie die Strahlenbrechung ihm vorgespiegelt hatte, stürzte er zehn Fuß tief hinab und fiel schwer zu Boden. Dann ergriff ihn der Schwindel und er begann – ohne zu wissen, weshalb – einige Minuten lang um Hilfe zu rufen, obwohl er sich bei seinem Sturz nichts gebrochen hatte. Als die Kälte ihn übermannte und der Selbsterhaltungstrieb die Oberhand gewann, stand er mühsam wieder auf.

Plötzlich drang der Geruch angebrannten Fettes zu ihm herüber, ohne dass er sich dessen Entstehung erklären konnte. Da der Wind vom Schiff her wehte, vermutete er, dass der Geruch von dort käme, aber er verstand nicht, zu welchem Zweck man das Fett verbrannte, da dessen Ausdünstung Scharen von Eisbären anlocken konnte.

Von dieser Sorge getrieben, schlug Louis Cornbutte den Rückweg zur Brigg ein; es war ihm eine Ahnung gekommen, die sich in seinem überreizten Gehirn bald in ein Gefühl furchtbaren Schreckens verwandelte. Er glaubte zu sehen, wie sich kolossale Massen am Horizont hin und her bewegten, und fragte sich, ob abermals ein Eisbeben zu befürchten sei. Mehrere dieser Massen schoben sich zwischen ihn und das Schiff, und es schien ihm, dass sie an den Seiten der Brigg hinaufkletterten. Er blieb stehen, um sie aufmerksam zu betrachten, und erschrak aufs Äußerste, als er eine Horde riesiger Bären erkannte.

Die Tiere waren von dem Fettgeruch angezogen worden, der auch Louis Cornbutte aufgefallen war. Dieser verbarg sich hinter einem Hügel und beobachtete, wie drei der Tiere bald darauf die Eisblöcke erkletterten, auf denen die *Jeune-Hardie* ruhte.

Nichts deutete darauf hin, dass diese Gefahr im Inneren des Schiffes bemerkt worden war, und eine qualvolle Angst drang in sein Herz. Wie sollte man sich einem solch furchtbaren Feind entgegenstellen? Würden sich André Vasling und seine Kumpane mit den übrigen Leuten vereinigen, um die gemeinsame Gefahr abzuwenden? Konnten Penellan und seine vom Hunger geschwächten und von der Kälte halb gelähmten Kameraden diesen furchtbaren Tieren, die durch einen unstillbaren Hunger angetrieben wurden, Widerstand leisten? Würden die Leute von dem unvorhergesehenen Angriff nicht vollkommen überrascht werden?

Diese Betrachtungen stellte Louis Cornbutte in einem Augenblick an. Die Bären hatten die Eisschollen erklommen und machten sich daran, am Schiff hinaufzuklettern, daher konnte er sein Versteck hinter dem Eisblock verlassen. Er kroch auf dem Eis näher und sah, wie die Tiere mit ihren ungeheuren Tatzen das Zelt zerrissen und dann auf das Verdeck sprangen. Louis Cornbutte dachte daran, einen Flintenschuss abzufeuern, um seine Gefährten zu warnen; doch wenn sie unbewaffnet auf das Verdeck kämen, würden sie unweigerlich in Stücke gerissen werden, und nichts deutete darauf hin, dass ihnen diese neue Gefahr bewusst war.

Fünfzehntes Kapitel
Die Eisbären

Nachdem Louis Cornbutte fortgegangen war, verschloss Penellan vorsichtig die Tür des Quartiers, die sich unter der Treppe zum Verdeck befand. Dann kehrte er zum Ofen zurück, dessen Überwachung er übernommen hatte, während sich seine Gefährten wieder in ihre Betten zurückzogen, um einigermaßen warm zu werden.

Es war gegen sechs Uhr abends, als Penellan damit begann, das Abendessen vorzubereiten. Er stieg in die Kombüse hinab, um gesalzenes Fleisch zu holen, welches er in siedendem Wasser weichkochen wollte. Als er zurückkehrte, sah er, dass André Vasling seinen Platz eingenommen und große Fettstücke zum Kochen in den Kessel geworfen hatte.

»Ich war vor Ihnen hier«, fuhr Penellan André Vasling scharf an. »Warum haben Sie mir meinen Platz weggenommen?«

»Aus demselben Grund, aus dem auch Sie ihn beanspruchen«, antwortete André Vasling. »Ich will mir mein Abendessen kochen.«

»Sie verschwinden jetzt sofort«, erwiderte Penellan, »oder wir werden sehen!«

»Wir werden nichts sehen«, sagte André Vasling, »und ich werde mein Abendessen fertig kochen, ob es Ihnen nun recht ist oder nicht.«

»Ihnen soll der Appetit vergehen!«, rief Penellan und fiel über André Vasling her, der sein Messer zog und rief:

»Zu mir, ihr Norweger! Zu mir, Aupic!«

Im nächsten Augenblick waren diese auf den Beinen, bewaffnet mit Pistolen und Messern.

Der Streich war gut vorbereitet.

Penellan stürzte sich auf André Vasling, der wohl die Aufgabe übernommen hatte, ganz allein mit ihm zu kämpfen, denn die anderen Kerle eilten zu den Betten von Misonne, Turquiette und Pierre Nouquet. Letzterer war hilflos, von seiner Krankheit schon so geschwächt, dass er der Wut Hermings vollkommen ausgeliefert war. Der Zimmermann verließ sein Bett, packte eine Axt und warf sich Aupic entgegen. Turquiette rang erbittert mit dem Norweger Jocki. Gervique und Gradlin litten so furchtbar unter ihren Schmerzen, dass sie kaum bemerkten, was um sie her geschah.

Bald erhielt Pierre Nouquet einen Dolchstich in die Seite, und Herming kehrte zu Penellan zurück, der voller Wut kämpfte. André Vasling hatte ihn mit beiden Armen gepackt.

Aber gleich bei Beginn des Kampfes war der Kessel auf dem Ofen umgestürzt, sodass das Fett auf die glühenden Kohlen floss und die Luft mit einem widerlichen Geruch verpestete. Marie erhob sich, stieß einen verzweifelten Schrei aus und eilte zu dem alten Jean Cornbutte hinüber, der röchelnd auf seinem Bett lag.

André Vasling, weniger kräftig als Penellan, spürte bald, wie seine Arme zurückgedrängt wurden. Sie waren einander zu nahe, um von ihren Waffen Gebrauch zu machen. Als der Erste Steuermann sah, dass Herming auf ihn zukam, rief er laut:

»Zu mir, Herming!«

»Zu mir, Misonne!« schrie Penellan seinerseits.

Aber Misonne lag auf dem Boden und rang mit Aupic, der versuchte, ihn mit seinem Messer zu durchbohren. Das Zimmermannsbeil war eine für die Verteidigung schlecht geeignete Waffe; er konnte sie nicht benutzen und hatte alle Mühe, die Dolchstöße zu parieren, die Aupic gegen ihn richtete.

Inmitten des Gebrülls und Geschreis floss das Blut in Strömen. Turquiette war von dem ungewöhnlich starken Jocki niedergeworfen worden, hatte einen Dolchstich in die Schulter erhalten und versuchte vergebens eine Pistole zu ergreifen, die im Gürtel des Norwegers steckte. Dieser presste ihn zusammen

Marie eilte zum Bett von Jean Cornbutte.

wie in einem Schraubstock, sodass ihm jede Bewegung unmöglich wurde.

Auf den Ruf André Vaslings, den Penellan gegen die Eingangstür gedrängt hatte, eilte Herming herbei; aber in demselben Augenblick, als er dem Bretonen einen Messerstich in den Rücken versetzen wollte, streckte dieser ihn mit einem kräftigen Fußtritt zu Boden. Durch diese Bewegung gelang es André Vasling, seinen rechten Arm aus Penellans Umklammerung zu befreien; die Eingangstür jedoch, auf der die beiden Männer mit ihrem ganzen Gewicht lasteten, gab plötzlich nach, und André Vasling stürzte rücklings zu Boden.

Da erdröhnte ein furchtbares Gebrüll, und ein ungeheurer Bär erschien auf der Treppe. André Vasling sah ihn zuerst. Er war höchstens noch vier Fuß entfernt. Aber im selben Augenblick war ein Flintenschuss zu hören, und der Bär, verwundet oder erschreckt, machte plötzlich kehrt. André Vasling, dem es gelungen war, wieder aufzustehen, achtete nicht mehr auf Penellan und sprang ihm nach.

Der Zweite Steuermann setzte die eingeschlagene Tür wieder ein und schaute sich um. Misonne und Turquiette lagen, von ihren Feinden geknebelt, in einer Ecke und versuchten vergebens, ihre Bande zu zerreißen. Penellan eilte ihnen zu Hilfe, wurde jedoch von den beiden Norwegern und Aupic niedergestoßen. Seine Kräfte waren so erschöpft, dass er diesen drei Männern keinen Widerstand mehr leisten konnte; binnen Kurzem war er so fest gebunden, dass er sich nicht mehr rühren konnte. Beim Geschrei des Ersten Steuermanns eilten die Peiniger auf das Verdeck; denn sie glaubten, dass er es mit Louis Cornbutte zu tun hatte.

Dort aber rang André Vasling mit einem Bären, dem er bereits zwei Dolchstiche beigebracht hatte. Das Tier schlug mit den fürchterlichen Tatzen in der Luft herum und versuchte Vasling zu erreichen. Um diesen, der immer weiter an die Reling gedrängt wurde, stand es schlimm, als ein zweiter Schuss ertönte. Der Bär stürzte zu Boden.

André Vasling schaute auf und sah, dass Louis Cornbutte, die Flinte im Anschlag, in den Wewelings[1] des Fockmastes saß. Er hatte auf das Herz des Bären gezielt und ihn augenblicklich getötet.

Der Hass erstickte den Dank in André Vaslings Herzen, doch bevor er ihm nachgeben konnte, blickte er sich um. Ein Tatzenhieb hatte Aupic den Kopf zerschmettert, und er lag leblos auf dem Verdeck. Jocki wehrte sich mit einem Beil in der Hand verzweifelt gegen die Schläge des zweiten Bären, der soeben Aupic getötet hatte. Das Tier hatte bereits zwei Dolchstöße erhalten, kämpfte aber nur umso erbitterter weiter. Ein dritter Bär trottete auf das Vorderdeck des Schiffes zu.

[1] Auch Weweleinen; kleine Seile, welche von einem Haupttau zum anderen von unten bis oben eingebunden werden, sodass dadurch Leitern gebildet werden, auf denen die Schiffsleute zu den oberen Teilen der Mastbäume steigen.

Der Kampf der Seeleute und der Bären.

André Vasling kümmerte sich nicht um ihn, und zusammen mit Herming kam er Jocki zu Hilfe. Aber Jocki war zwischen die Tatzen des Bären geraten und wurde von diesen zermalmt. Als das Tier unter den Schüssen André Vaslings und Hermings fiel, hielt es nur noch einen Leichnam in seinen Tatzen.

»Wir sind nur noch zu zweit«, sprach André Vasling mit wilder, finsterer Miene. »Wenn wir jedoch unterliegen, dann will ich mich zuvor noch rächen!«

Ohne zu antworten lud Herming seine Pistole. Vor allem musste man jetzt den dritten Bären unschädlich machen. André Vasling blickte nach dem Vorderdeck hinüber und konnte ihn nirgends entdecken. Erst als er den Blick hob, sah er die Bestie auf der Verschanzung stehen und in die Wewelings emporklettern, um Louis Cornbutte zu erreichen. Vasling ließ seine Flinte sinken, die er auf das Tier gerichtet hatte, und eine teuflische Freude spiegelte sich in seinen Augen.

»Ah!«, rief er. »Diese Rache bist du mir noch schuldig!«

Inzwischen hatte sich Louis Cornbutte in den Mastkorb des Fockmastes geflüchtet. Der Bär kletterte ihm auch dorthin nach, und er war jetzt nur noch sechs Fuß von ihm entfernt, als Louis seine Flinte anlegte und auf das Herz des Tieres zielte.

André Vasling legte gleichfalls an; falls der Bär fiel, wollte er Louis Cornbutte töten.

Der junge Kapitän feuerte, aber er schien den Bären nicht getroffen zu haben, denn mit einem Sprung schwang sich dieser zum Korb hinauf. Der ganze Mast erbebte.

André Vasling stieß einen Freudenschrei aus.

»Herming!«, rief er dem norwegischen Matrosen zu. »Hol mir Marie! Hol mir meine Braut!«

Herming stieg die Treppe zum Logis hinab.

Inzwischen hatte sich das wütende Tier auf Louis Cornbutte gestürzt, der auf der anderen Seite des Mastes Schutz suchte; in dem Augenblick aber, als es die kolossale Tatze herabsausen ließ, um seinen Kopf zu zerschmettern, ergriff der Seemann eine der Pardunen[1] und ließ sich an ihr hinuntergleiten. Dies war nicht ohne Gefahr, denn auf halbem Wege pfiff eine Kugel dicht an seinem Ohr vorüber. André Vasling hatte auf ihn geschossen und ihn verfehlt. Nun standen sich die beiden Gegner mit den Messern in der Hand gegenüber.

Dieser Kampf musste die Entscheidung bringen. Um seinen Rachedurst vollständig zu befriedigen und um das Mädchen den Tod ihres Verlobten mit ansehen zu lassen, hatte André Vasling sich der Hilfe Hermings beraubt. Er konnte daher nur noch auf sich selbst zählen.

Louis Cornbutte und André Vasling packten einander so fest am Kragen, dass keiner zurückweichen konnte. Einer von ihnen musste sterben. Sie teilten gewaltige Hiebe aus, die sie nur teilweise parieren konnten, denn schon floss das Blut bei beiden. André Vasling versuchte, seinen Arm um den Hals des Gegners zu schlingen und ihn zu Boden zu werfen. Louis Cornbutte wusste, dass derjenige, der zuerst fiel, verloren war, und es gelang ihm, seinen Feind mit beiden Armen zu umklammern; bei dieser Bewegung glitt ihm jedoch sein Dolch aus der Hand.

In diesem Moment drangen fürchterliche Schreie an sein Ohr. Es war Marie, die Herming hinter sich her zu zerren ver-

[1] Starke Taue, mit welchen die Stangen an beiden Borden der Schiffe befestigt werden.

Der Bär hatte sich auf die beiden Männer gestürzt.

suchte. Louis Cornbutte wurde von Wut übermannt; er spannte die Muskeln an, um André Vaslings Lenden einen entscheidenden Schlag zu versetzen, da fühlten sich die beiden Gegner von einer kräftigen Umarmung zusammengepresst. Der Bär war vom Fockmast herabgeklettert und hatte sich auf die beiden Männer gestürzt.

André Vasling wurde gegen den Körper des Tieres gedrückt, und Louis Cornbutte fühlte, wie ihm die Tatzen des Ungeheuers ins Fleisch drangen. Der Bär umklammerte sie beide.

»Zu Hilfe, zu Hilfe, Herming!«, konnte der Erste Steuermann noch rufen.

»Zu Hilfe, Penellan!« rief Louis Cornbutte.

Schritte waren auf der Treppe zu hören. Penellan erschien,

spannte seine Pistole und feuerte sie in das Ohr der Bestie ab. Diese stieß ein entsetzliches Gebrüll aus. Vor Schmerzen lockerte sie für einen Augenblick die Tatzen, und Louis Cornbutte glitt halb tot vor Erschöpfung aufs Verdeck nieder; dann aber presste der Bär die Tatzen in wütendem Todeskampf wieder zusammen, riss den elenden Vasling im Fallen mit sich und zermalmte den Leichnam unter sich.

Penellan eilte Louis Cornbutte zu Hilfe. Keine schwere Verletzung gefährdete sein Leben; ihm war nur für einen Augenblick der Atem ausgegangen.

»Marie! ...«, sagte er, als er die Augen öffnete.

»Gerettet!«, antwortete der Zweite Steuermann. »Dort liegt Herming mit einem Dolchstoß durch den Leib.«

»Und die Bären ...?«

»Tot, Louis, tot wie unsere Feinde! Aber man kann sagen, dass wir ohne diese Tiere da verloren gewesen wären. Sie haben uns tatsächlich gerettet! Danken wir also der Vorsehung!«

Louis Cornbutte und Penellan nahmen Marie in die Arme und stiegen in das Logis hinab.

Sechzehntes Kapitel
Schluss

Misonne und Turquiette, denen es gelungen war, sich ihrer Fesseln zu entledigen, hatten den tödlich verwundeten Herming auf ein Bett gelegt. Der Elende röchelte bereits, und so beschäftigten sich die beiden Seeleute mit Pierre Nouquet, dessen Wunde glücklicherweise nicht sehr bedenklich war.

Aber ein größeres Leid stand Louis Cornbutte noch bevor. Sein Vater gab kein Lebenszeichen mehr von sich. War er mit der Angst, seinen Sohn in der Hand seiner Feinde zu sehen, gestorben? War er bereits vor dieser furchtbaren Szene verschieden? Wir wissen es nicht. Aber der arme, alte, von der Krankheit gebrochene Seemann hatte aufgehört zu leben.

Durch diesen unerwarteten Schlag verfielen Louis Cornbutte und Marie in tiefe Trauer; dann knieten sie neben dem Bett nieder und beteten weinend für Jean Cornbuttes Seele.

Penellan, Misonne und Turquiette ließen sie in der Kammer allein und stiegen wieder auf das Verdeck.

Die Leichen der drei Bären wurden auf das Vorderdeck geschleppt. Penellan beschloss, ihre Pelze zu behalten, aber er dachte keinen Augenblick daran, ihr Fleisch zu essen. Außerdem hatte sich jetzt die Zahl der Männer, die man zu verpflegen hatte, vermindert. Den Leichen André Vaslings, Aupics und Jockis, die man in ein Grab an der Küste geworfen hatte, folgte bald Hermings sterbliche Hülle. Der Norweger starb in der Nacht, ohne Reue oder Schuldgefühle und mit Wutschaum vor dem Mund.

Die drei Seeleute besserten nun ihr Zelt aus, das an mehreren Stellen zerrissen war und den Schnee auf das Deck fallen ließ. Das Wetter was überaus kalt, und so blieb es bis zur Rückkehr der Sonne, die erst am 8. Februar[1] wieder über dem Horizont erschien.

Jean Cornbutte wurde ebenfalls an dieser Küste beerdigt. Er hatte seine Heimat verlassen, um seinen Sohn zu finden, und musste nun hier dem schrecklichen Klima zum Opfer fallen. Sein Grab erhob sich auf einem Hügel, wo die Seefahrer ein einfaches Holzkreuz aufrichteten.

Von diesem Tag an hatten Louis Cornbutte und seine Gefährten noch manche harte Prüfung zu bestehen, doch die wieder aufgefundenen Zitronen stellten ihre Gesundheit bald wieder her. Vierzehn Tage nach diesen furchtbaren Ereignissen konnten auch Gervique, Gradlin und Pierre Nouquet ihr Lager wieder verlassen und sich durch körperliche Übungen stärken.

Die Jagd wurde bald leichter und ergiebiger. Die Seevögel kehrten in großer Zahl zurück, und auch eine Art wilder Ente, die man sehr häufig schoss, lieferte einen vorzüglichen Braten. Die Jäger hatten bei ihren Ausflügen keinen anderen Unfall, als dass sie zwei von ihren Hunden einbüßten, als sie fünfundzwanzig Meilen weiter südlich den Zustand der Eisfläche erkunden wollten.

Der Monat Februar zeichnete sich durch gewaltige Stürme und reichlichen Schneefall aus. Die mittlere Temperatur betrug noch immer fünfundzwanzig Grad unter Null, aber die Reisenden litten vergleichsweise wenig darunter. Darüber hinaus erfreute sie der Anblick der Sonne, die sich mehr und mehr über den Horizont erhob und das Ende ihrer Qualen anzeigte. Wir dürfen wohl annehmen, dass auch der Himmel Erbarmen mit ihnen hatte, denn die Wärme stellte sich in diesem Jahr schon frühzeitig ein. Schon im Monat März kreisten die Raben um das Schiff. Louis Cornbutte fing einige Kraniche, die ihre nördlichen Wanderungen bis hierher ausgedehnt hatten.

Diese Rückkehr der Vögel wies auf eine Abnahme der Kälte

---

[1] Im Original »8. Januar«. Da das 14. Kapitel jedoch zwischen dem 20. und 26. Januar spielt, wurde dieser offensichtliche Widerspruch durch die Übersetzerin Martha Lion verbessert. Die Weichert-Ausgabe verlegt das Datum dagegen auf den 5. Mai.

hin. Aber man durfte nicht mit zu großen Hoffnungen darauf bauen, denn bei einem Wechsel des Windes, bei Neu- oder Vollmond fiel die Temperatur plötzlich wieder, und um sich dagegen zu schützen, waren die Seeleute gezwungen, auf ihre größtmöglichen Vorsichtsmaßnahmen zurückzugreifen. Die Verschanzungen des Schiffes, die Verschläge des Deckzimmers, das sie nicht bewohnten, und einen bedeutenden Teil des herausnehmbaren Zwischendecks hatte man bereits als Brennmaterial verbraucht. Es war also an der Zeit, dass die Überwinterung zu Ende ging. Zum Glück wurde es im März nicht mehr kälter als sechzehn Grad unter Null. Marie kümmerte sich darum, neue Kleider für diesen frühzeitigen Sommer vorzubereiten.

Seit der Tag- und Nachtgleiche war die Sonne beständig über dem Horizont geblieben. Die acht Monate stetigen Tageslichts hatten begonnen. Diese immerwährende Helligkeit und die ununterbrochene Wärme – so schwach sie auch war – wirkten sich bald auf das Eis aus.

Man musste sehr vorsichtig zu Werke gehen, um die *Jeune-Hardie* von dem hohen Bett der Eisschollen, das sie umgab, herab zu lassen. Das Schiff war dadurch solide gestützt, und es schien zweckmäßig zu warten, bis die Schollen durch den Eisgang brechen würden. Doch die unteren, auf einer wärmeren Wasserschicht ruhenden Eisschollen lösten sich allmählich ab, und die Brigg senkte sich nach und nach. Anfang April war sie wieder auf ihrem natürlichen Niveau angelangt.

Mit dem April kam auch der wolkenbruchartige Regen, der sich in Strömen über die Ebene ergoss und die Zersetzung des Eises noch beschleunigte. Das Thermometer stieg wieder auf zehn Grad unter Null. Einige Männer legten ihre Robbenfellkleider ab, und es war nicht mehr nötig, den Ofen im Quartier Tag und Nacht zu befeuern. Der Vorrat an Spiritus, der noch nicht erschöpft war, wurde nur noch zum Kochen der Speisen verwendet.

Bald begann das Eis mit dumpfem Krachen zu brechen. Mit großer Schnelligkeit entstanden Spalten, und es wäre unvorsichtig gewesen, über die von Rissen durchzogene Fläche zu gehen, ohne zuvor mit einem Stock das Terrain sondieren. So geschah es, dass mehrere Seeleute ins Wasser fielen, aber sie kamen immer mit einem kalten Bad davon.

Auch die Robben stellten sich wieder ein, und da man ihr Fett benötigte, wurden sie oft gejagt.

Die Gesundheit der Mannschaft blieb vorzüglich, und man verbrachte die Zeit mit Vorbereitungen zur Abfahrt und zur Jagd. Louis Cornbutte studierte häufig das Fahrwasser und beschloss angesichts der Beschaffenheit der meridionalen[1] Küste, die Durchfahrt weiter im Süden zu versuchen. Schon setzte der Eisgang an mehreren Stellen ein, und einige schwimmende Eisberge trieben auf die hohe See zu. Am 25. April wurde das Schiff instand gesetzt. Die Segel wurden aus ihren Futteralen genommen und zeigten sich in einem sehr guten Zustand. Es war den Seeleuten eine wahre Freude, zu sehen, wie sie sich im Hauch des Windes blähten. Das Schiff erbebte, denn es hatte seine Wasserlinie wiedergefunden, und obwohl es sich noch nicht von der Stelle bewegen konnte, ruhte es doch wieder in seinem natürlichen Element.

Im Monat Mai taute es rapide. Der Schnee, der das Ufer bedeckte, schmolz überall und bildete einen so dicken Schlamm, dass die Küste fast unzugänglich wurde. Kleine, zartrosige, blasse Heidekräuter zeigten sich schüchtern zwischen den Schneeresten und schienen der geringen Wärme zuzulächeln. Das Thermometer stieg endlich wieder über Null.

Zwanzig Meilen südlich vom Schiff schwammen bereits vollständig losgelöste Eisschollen auf den Atlantischen Ozean zu. Und obgleich das Meer um die *Jeune-Hardie* noch nicht ganz frei war, bildete sich doch ein Fahrwasser, das Louis Cornbutte benutzen wollte.

Am 21. Mai, nach einem letzten Besuch am Grab seines Vaters, verließ Louis Cornbutte die Bucht, in der sie überwintert hatten. Das Herz der tapferen Seeleute war voller Freude, aber auch voller Traurigkeit, denn niemand verlässt ohne Wehmut

[1] Hier im Sinn von »südlich« gebraucht.

Der alte Pfarrer empfing Louis Cornbutte und Marie.

den Ort, wo er einen Freund sterben sah. Der Wind wehte aus Norden und begünstigte die Abfahrt der Brigg. Oft wurde sie von Eisbänken aufgehalten, die mit der Säge durchschnitten werden mussten; oft türmten sich Eisschollen vor ihnen auf, die durch Minen gesprengt werden mussten. Einen ganzen Monat lang war die Steuerung des Schiffes noch voller Gefahren, und oft war es nur um Haaresbreite von seinem Untergang entfernt, aber die Mannschaft war verwegen und an gefährliche Manöver gewöhnt. Penellan, Pierre Nouquet, Turquiette und Fidèle Misonne allein schafften so viel wie sonst zehn Matrosen, und Marie hatte für jeden von ihnen ein dankbares Lächeln.

Schließlich konnte sich die *Jeune-Hardie* auf der Höhe der Insel Jan Mayen aus dem Eis befreien. Um den 25. Juni herum begegnete sie Schiffen, die zum Robben- und Walfang nach Norden fuhren. Die Brigg hatte beinahe einen Monat gebraucht, um aus dem Eismeer herauszukommen.

Am 16. August befand sich die *Jeune-Hardie* in Sicht von Dünkirchen. Sie war von der Wache gemeldet worden, und die ganze Hafenbevölkerung eilte auf die Mole. Schon bald fielen die Seeleute ihren Lieben in die Arme.

Der alte Pfarrer empfing Louis Cornbutte und Marie mit herzlichem Segen, und von den zwei Messen, die er am folgenden Tag las, galt die erste der Ruhe von Jean Cornbuttes Seele, die zweite dem Wohl der beiden Verlobten, die schon seit so langer Zeit durch das Schicksal miteinander verbunden waren.